中国—中东欧研究院丛书

CHINA-CEE INSTITUTE

中东欧国家如何看待中国的发展（2018）
——基于对中东欧居民的问卷调查报告

How the CEE Citizens View China's Development (2018)
- Based on a Household Survey -

陈新 ◎ 主编

中国社会科学出版社

图书在版编目（CIP）数据

中东欧国家如何看待中国的发展.2018：基于对中东欧居民的问卷调查报告／陈新主编.—北京：中国社会科学出版社，2019.11

（中国—中东欧研究院丛书）

ISBN 978-7-5203-5058-7

Ⅰ.①中… Ⅱ.①陈… Ⅲ.①中外关系—研究—欧洲 Ⅳ.①D822.35

中国版本图书馆 CIP 数据核字（2019）第 204063 号

出 版 人	赵剑英
责任编辑	范晨星
责任校对	季　静
责任印制	王　超

出　　版	中国社会科学出版社
社　　址	北京鼓楼西大街甲 158 号
邮　　编	100720
网　　址	http://www.csspw.cn
发 行 部	010-84083685
门 市 部	010-84029450
经　　销	新华书店及其他书店

印　　刷	北京明恒达印务有限公司
装　　订	廊坊市广阳区广增装订厂
版　　次	2019 年 11 月第 1 版
印　　次	2019 年 11 月第 1 次印刷

开　　本	710×1000　1/16
印　　张	11.75
字　　数	158 千字
定　　价	138.00 元

凡购买中国社会科学出版社图书，如有质量问题请与本社营销中心联系调换
电话：010-84083683
版权所有　侵权必究

前　言

中国—中东欧研究院于2017年秋季启动了第一次民调项目，就中东欧16个国家的民众如何看待中国的发展这一主题进行了广泛的问卷调查。该调查通过招标方式，与专业民调机构合作，每个国家1000份问卷，共计1.6万份问卷。相关成果，英文版由中国—中东欧研究院在匈牙利出版。中文版于2018年由中国社会科学出版社在国内出版，书名为《中东欧国家如何看待中国的发展——基于对中东欧居民的问卷调查报告》。

2018年秋季，中国—中东欧研究院启动了第二次民调项目，把调查的覆盖面从16个国家扩展到18个国家，不仅有中东欧16国，还增加了希腊和白俄罗斯。同样，还是通过招标方式，与专业民调机构合作，采用同样的抽样方法，每个国家1000份问卷，共计1.8万份问卷。本报告是2018年民调的结果。除了分析2018年的民众看法之外，还增加了与2017年民调结果进行比较的内容。中国—中东欧研究院希望通过每年一次的民调项目，逐渐积累起一个数据库，并据此观察中东欧国家的民众对中国发展的看法的变化。

中国—中东欧研究院非营利有限责任公司由中国社会科学院于2017年4月在匈牙利首都布达佩斯注册成立，是中国在欧洲首家独立注册的新型智库。中国—中东欧研究院坚持务实合作的原则，稳步而积极地寻求与中东欧国家智库合作，并以匈牙利为依托，在中

◆ 前言

东欧乃至欧洲开展实地调研、合作研究、联合出版、人员培训、系列讲座等学术和科研活动。

陈 新 博士
中国—中东欧研究院执行院长、总经理
中国社会科学院欧洲研究所副所长

目　　录

上篇　总报告

一　总体结论 …………………………………………（3）
二　调查方法 …………………………………………（10）
三　评估过去两年中国的经济发展 …………………（12）
四　过去5年中国在世界上重要性的变化 ……………（17）
五　中国与中东欧国家关系的重要性 ………………（21）
六　评估"一带一路"倡议的可能影响 ………………（25）
七　对中国与中东欧国家合作的认知 ………………（30）

下篇　国家报告

一　阿尔巴尼亚 ………………………………………（35）
二　白俄罗斯 …………………………………………（41）
三　波黑 ………………………………………………（47）
四　保加利亚 …………………………………………（53）
五　克罗地亚 …………………………………………（59）
六　捷克 ………………………………………………（65）
七　爱沙尼亚 …………………………………………（71）
八　希腊 ………………………………………………（77）
九　匈牙利 ……………………………………………（83）

● 目 录

十 拉脱维亚	（89）
十一 立陶宛	（95）
十二 马其顿	（101）
十三 黑山	（107）
十四 波兰	（113）
十五 罗马尼亚	（119）
十六 塞尔维亚	（125）
十七 斯洛伐克	（131）
十八 斯洛文尼亚	（137）

附录　技术报告

一 爱沙尼亚	（145）
二 拉脱维亚	（148）
三 立陶宛	（151）
四 匈牙利	（154）
五 斯洛伐克、捷克、罗马尼亚、斯洛文尼亚、希腊、白俄罗斯、保加利亚	（156）
六 克罗地亚	（168）
七 黑山	（170）
八 马其顿	（172）
九 波兰	（174）
十 波黑	（176）
十一 塞尔维亚	（178）
十二 阿尔巴尼亚	（180）

上篇　总报告

一 总体结论

与中国的贸易关系在中欧和东欧国家中发挥着越来越大的作用。该地区的民众也意识到了这一事实，但直到2017年，反映民众对中国与中东欧国家经济和贸易关系的看法仍然没有可以利用的研究。为弥合这一差距，中国—中东欧研究院通过与匈牙利经济研究院（GKI）合作，于2017年在中东欧地区的16个国家开展了一项基于家庭调查的研究。2018年，我们再次合作，不仅对原先的16个国家进行调查，而且加上两个新国家（希腊和白俄罗斯），这两个国家也很有兴趣发展与中国的贸易关系。

中东欧16个国家中有60%的成年人认为中国过去两年的经济发展是快速的（33%的人认为非常快速），这意味着比2017年的调查提高1个百分点。另外，只有6%的成年人认为中国过去两年的经济发展是慢的（2%的人认为非常慢）。剩下的34%在这个问题上保持中立。根据欧盟联合研究方法，把1至5的范围转换为－100至＋100的数值，以去掉中性答案，这样能更好地显示国家之间较小的差异。按照这种方法，与2017年类似，保加利亚、斯洛文尼亚、罗马尼亚和塞尔维亚的居民（在＋58与＋68点之间）认为中国经济发展最快，而马其顿和阿尔巴尼亚的居民（＋26点）认为中国经济发展最慢（其他国家在＋33与＋46点之间）。平均值为＋43（比2017年提高＋2），这表明整个调查地区认为中国的经济发展非常快。调查中包括两个新国家（希腊和白俄罗斯），平均为+44。与2017年相比，改善程度最高的国家是保加利亚和波斯尼亚—黑塞哥维那，而严重恶化的国家是阿尔巴尼亚和爱沙尼亚。

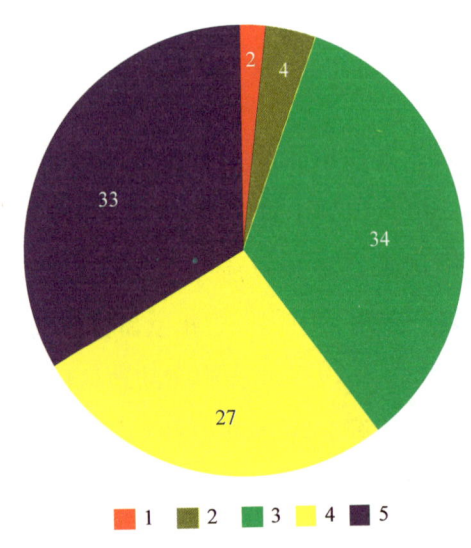

图1　你如何评价过去两年中国的经济发展？

1—非常慢　5—非常快（答案分布，%）

资料来源：中国—中东欧研究院2018年秋季调查问卷。

与前一个问题类似，中东欧16个国家中有相当大比重（61%）的人认为中国在过去5年在世界上的重要性一直在提高（33%的人认为改善非常显著），这一数值与2017年没有区别（都是61%）。只有4%的人认为正在恶化（1%的人认为严重恶化）。剩下34%的人在这个问题上保持中立。如果结果转换为-100到+100的数值，保加利亚居民认为中国的重要性最高（+68），而阿尔巴尼亚和波斯尼亚—黑塞哥维那认为中国在世界上的重要性高的居民则较少，但仍然认为没有恶化（+27和+28）。其他国家介

一 总体结论

于+34和+63之间。平均值为+45,比2017年提高了两个百分点,表明整个调查地区认为中国在世界上的重要性有了显著的提升。调查中包括两个新国家(希腊和白俄罗斯),平均值为+47。与2017年相比,认为中国的重要性提高的人数最多的国家是保加利亚和匈牙利,而阿尔巴尼亚和爱沙尼亚则有最多的人认为严重恶化。

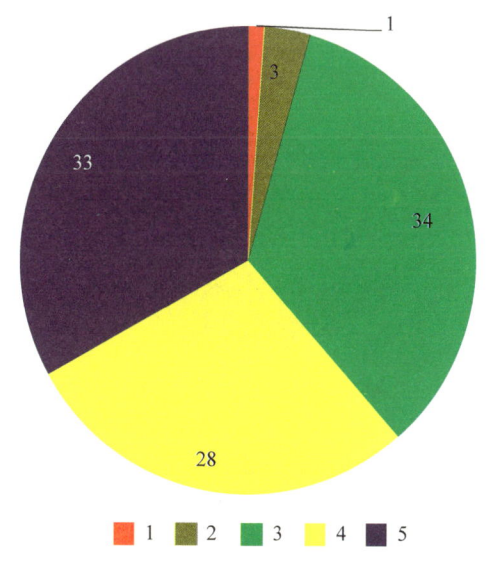

图2 你如何评价中国最近5年在世界上重要性的变化?
1—严重恶化 5—改善非常显著(答案分布,%)
资料来源:中国—中东欧研究院2018年秋季调查问卷。

认为中国与该地区的关系相当接近的中东欧16国居民占总数的27%,认为关系松散的占总数的24%,而近一半的受访者在这个问题上保持中立。如果考虑平均值,则此问题与2017年相比没有明显变化。塞尔维亚是认为两国关系最紧密的国家(与2017年一样)。37%的受访者表示非常紧密,33%的受访者认为关系紧密。根据居民的意见,在认为两国关系紧密的国家中,除了塞尔维亚之外，黑山排在第二位，匈牙利排在第三位，而波罗的海国家表示双边关系最松散。与2017年相比，改善程度最大的国家是克罗地亚，而恶化程度最严重的国家是爱沙尼亚。

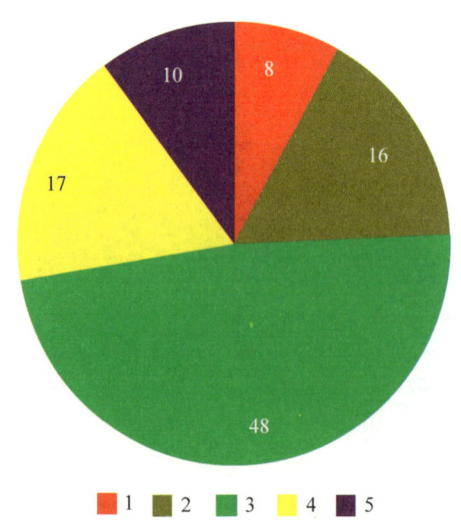

图3 你认为中国与贵国之间的关系有多紧密？
1—非常松散 5—非常紧密（答案分布,%）
资料来源：中国—中东欧研究院2018年秋季调查问卷。

中东欧16个国家中37%的人（2017年为34%）认为"一带一路"倡议（旨在加强中国与中东欧国家之间的贸易和经济关系）在未来5年可能产生的影响将是富有成效的（17%的人认为将非常富有成效，2017年为14%）。另外，10%的人认为影响一般（与2017年相比没有变化），而只有6%的人认为该倡议完全没有影响（与2017年相比增加了1个百分点）。余下的人对这个问题保持中立。转换为-100至+100的数值，与2017年一样，塞尔维亚的居民认为"一带一路"倡议在未来5年内可能产生的影响将是最富有成效的（比重是+42，而2017年为+31），其次是保

一 总体结论

加利亚（+37，2017年为+22）和立陶宛（与2017年一样同为+30），而爱沙尼亚、克罗地亚和波斯尼亚—黑塞哥维那的居民在这个问题上是最悲观的（与2017年类似）。调查结果平均值为+16（2017年为+13），这意味着从整个调查地区来看，对"一带一路"倡议的看法略微积极。调查中包括两个新国家（希腊与白俄罗斯），平均值为+18。与2017年相比，看法改善程度最高的是保加利亚和塞尔维亚，而看法严重恶化的国家是爱沙尼亚、马其顿和波兰。

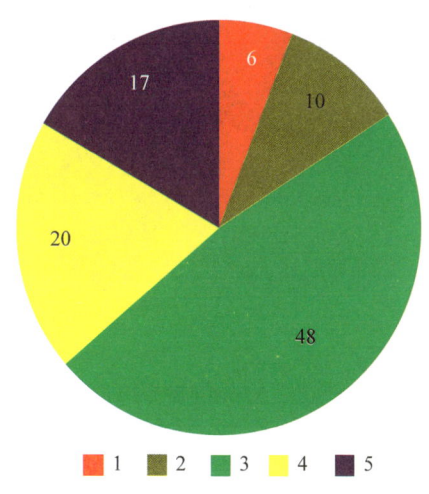

图4　如何看待未来5年旨在加强中国与贵国之间贸易和经济关系的"一带一路"倡议可能产生的影响？

1—完全没有影响　5—非常富有成效（答案分布,%）

资料来源：中国—中东欧研究院2018年秋季调查问卷。

中东欧16国居民中有57%的人听说过中国与中东欧国家的合作（这比2017年提高了两个百分点），而43%的人没有听说过。听说过合作的人中有50%不知道合作的细节，42%的人知道一些细节，只有5%的人知道很多细节，而3%的人表示完全清楚合作的细节。后两项比2017年提高了1个百分点。对与中国合作最为了解的国家是罗马尼亚、保加利亚、黑山和塞尔维亚（白俄罗斯人民也非常了解，尽管他们没有参与这一跨国合作）。而知情程度较低的国家是爱沙尼亚、拉脱维亚和捷克。与2017年相比，改善最大的国家是保加利亚。

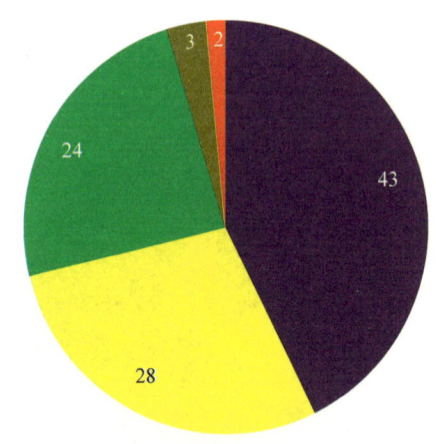

■ 不，我还没有听说过
■ 我已经听说了，但不知道是关于什么
■ 我已经听说了，并知道一些细节
■ 我已经听说了，并知道很多细节
■ 我完全清楚这件事

图5 你是否听说过中国与贵国参与的中国—中东欧国家
（"16 + 1"）合作？（答案分布,%）

注：希腊和白俄罗斯不参与此合作，因此这两个国家的问题如下："你是否听说过中国与中东欧国家（'16 + 1'）的合作？"

资料来源：中国—中东欧研究院2018年秋季调查问卷。

图6显示了中东欧国家对第1、第2、第3和第4这四个问题回答结果的平均值，这些问题的调查结果转换为 -100 至 +100 的数值，所有四个平均值在2017年均提高了2—3个百分点。

一 总体结论

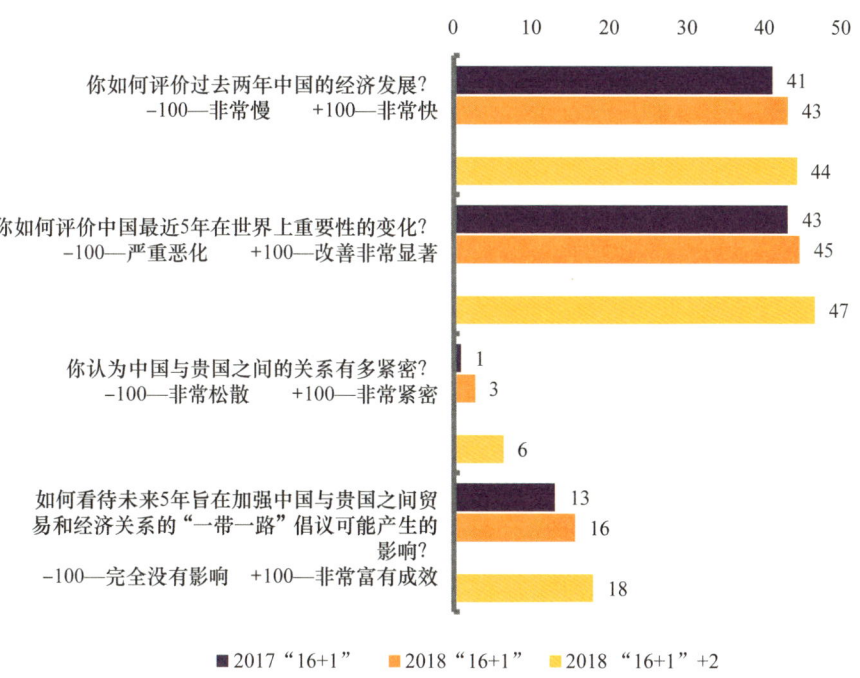

图6 评估量表问题（Q1、Q2、Q3、Q4，平均值）

资料来源：中国—中东欧研究院2018年秋季调查问卷。

二　调查方法

我们对如下国家进行了初步的、大范围的调查：波兰、匈牙利、保加利亚、克罗地亚、塞尔维亚、阿尔巴尼亚、马其顿、黑山、波黑、斯洛伐克、罗马尼亚、捷克、斯洛文尼亚、拉脱维亚、爱沙尼亚、立陶宛、希腊（没有参加"16+1合作"①）和白俄罗斯（没有参加"16+1合作"）。

我们将这些国家分为两组以便计算平均值：一组是中东欧16国，即参加"16+1合作"的国家；另一组是中东欧18国，即所有参与调查的国家。

出于经济上的考虑，我们与三个不同的伙伴合作进行了此次调查：益普索、GFK 和 TNS Kantor。每个国家的样本量（1000份）都相同，整个中东欧地区的样本总数为1.8万份。调查样本包含年龄、性别和教育程度。考虑到各国的不同人口特征和合作伙伴公司可能使用的不同调查方式，我们采用了3种不同的调查方法，即：CAPI（面对面访谈）、CAWI（在线）和 CATI（通过电话）。我们从参与调查的合作伙伴处收到的技术报告可在本书的附录中找到。

我们向居民询问了5个相近的问题，大部分采用李克特量表

---

① 希腊在2018年秋季进行调查时还没有加入"16+1合作"。它于2019年4月正式加入"16+1合作"，该组织由此更改为"17+1合作"。主编注。

二 调查方法

（从 1 到 5）。这些问题是：

Q1：你如何评价过去两年中国的经济发展？

  1—非常慢 5—非常快

Q2：你如何评价中国最近 5 年在世界上重要性的变化？

  1—严重恶化 5—改善非常显著

Q3：你认为中国与贵国之间的关系有多紧密？

  1—非常松散 5—非常紧密

Q4：如何看待未来 5 年旨在加强中国与贵国之间贸易和经济关系的"一带一路"倡议可能产生的影响？

  1 — 完全没有影响 5—非常富有成效

Q5：你是否听说过中国与贵国参与的中国—中东欧国家（"16 + 1"）合作？[①]

  1—不，我还没有听说过

  2—我已经听说了，但不知道是关于什么

  3—我已经听说了，并知道一些细节

  4—我已经听说了，并知道很多细节

  5—我完全清楚这件事

---

① 希腊和白俄罗斯没有参加中国—中东欧国家合作，因此，在这两个国家询问的问题是："你听说过中国与中东欧国家的（'16 + 1'）合作吗？"

三 评估过去两年中国的经济发展

中东欧国家中60%的成年人认为中国过去两年的经济发展是快速的。其中33%的人认为发展非常快,比2017年的调查结果多了1个百分点。另外,只有6%的人认为中国的经济发展是慢的。其中2%的人认为非常缓慢。余下的34%的人对这个问题保持中立。中东欧国家中认为中国经济发展快速的有:

保加利亚——56%;塞尔维亚——48%;斯洛文尼亚——45%;罗马尼亚——44%;此次问卷包括18个国家,其中白俄罗斯认为中国经济发展快速的人占50%。

认为中国经济发展缓慢的国家有:

爱沙尼亚——21%;阿尔巴尼亚——24%;立陶宛——25%;斯洛伐克——26%。

根据欧盟联合研究方法,1至5的比例转换为-100至+100数值,以消除中性答案,并更好地显示国家之间的较小差异。按照这种方法,与2017年类似,保加利亚、斯洛文尼亚、塞尔维亚和罗马尼亚的居民(在+58和+68点之间)认为中国经济发展最快,而马其顿和阿尔巴尼亚的居民(+26点)认为中国经济发展是最慢的(其他国家在+33和+46点之间)。平均值为+43(比2017年提高+2),这表明整个调查地区的居民认为中国的经济发展非常快。此次调查增加两个新国家,平均值为+44。与2017年相比,数值提升最多的国家是保加利亚和波斯尼亚—黑塞哥维那,

三　评估过去两年中国的经济发展

而严重恶化的国家是阿尔巴尼亚和爱沙尼亚。

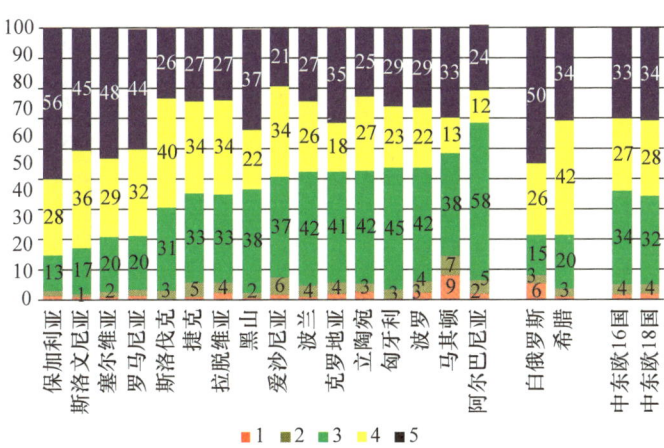

图7　你如何评价过去两年中国的经济发展？

1—非常慢　5—非常快（答案分布,%）

资料来源：中国—中东欧研究院2018年秋季调查问卷。

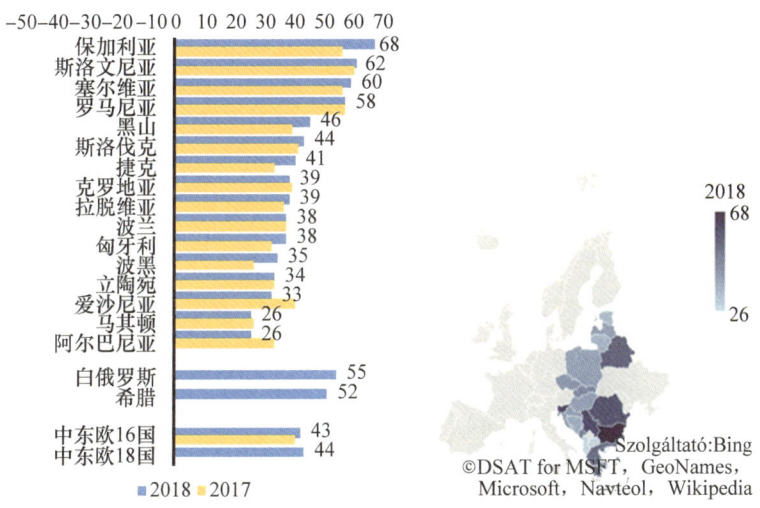

图8　你如何评价过去两年中国的经济发展？

-100—非常慢　+100—非常快（平均值）

资料来源：中国—中东欧研究院2018年秋季调查问卷。

· 13 ·

◆ 上篇 总报告

BG VARNA	72
BY GRODNO REGION	70
BG BURGAS	69
BG SOFIA	68
BG BLAGOEVGRAD	68
BG PLOVDIV	68
BG STARA ZAGORA	68
BG MONTANA	67
BG PLEVEN	66
BG RUSE	66
SB SSUMADIJA / ZAPADNA	66
RO VEST	64
SI ZAHODNA SLOVENIJA	64
SI VZHODNA SLOVENIJA	61
RO SUD-VEST OLTENIA	60
SB VOJVODINA	59
RO SUD-MUNTENIA	59
RO SUD-EST	59
SB JUZNA / ISTOCNA	58
MN PODGORICA	58
RO BUCURESTI-ILFOV	57
RO NORD-VEST	57
EL THESSALY AND CENTRAL GREECE	56
SB BEOGRAD	56
BY MINSK REGION	55
BY VITEBSK REGION	55
EL ATTICA	55
RO NORD-EST	55
BY GOMEL REGION	54
EL EASTERN MACEDONIA AND THRACE,…	54
BY MINSK CITY	53
RO CENTRU	52
EL EPIRUS AND WESTERN MACEDONIA	52
PL CENTRAL	51
HU ÉSZAK-ALFÖLD	51
EL PELOPONNESE, WEST GREECE AND IONIAN…	50
CZ KARLOVARSKÝ	50
BY MOGILEV REGION	50
CZ PARDUBICKÝ	49
BY BREST REGION	49
SK BRATISLAVSKÝ KRAJ	49
HU ÉSZAK-MAGYARORSZÁG	48
LT KAUNAS	48
SK STREDNÉ SLOVENSKO	48
HR NORTHERN CROATIA	47
CZ VYSOČINA	47
LT ŠIAULIAI	47
CZ ÚSTECKÝ	47
EE VIRUMAA	47
CZ LIBERECKÝ	46
HR DALMATIA	46
BH REPUBLIKA SRPSKA	46
HR SLAVONIA	44
CZ MORAVSKOSLEZSKÝ	43
HU KÖZÉP-DUNÁNTÚL	43
LT KLAIPĖDA	43
LV RĪGA	43
SK VÝCHODNÉ SLOVENSKO	43
CZ PLZEŇSKÝ	42

三 评估过去两年中国的经济发展

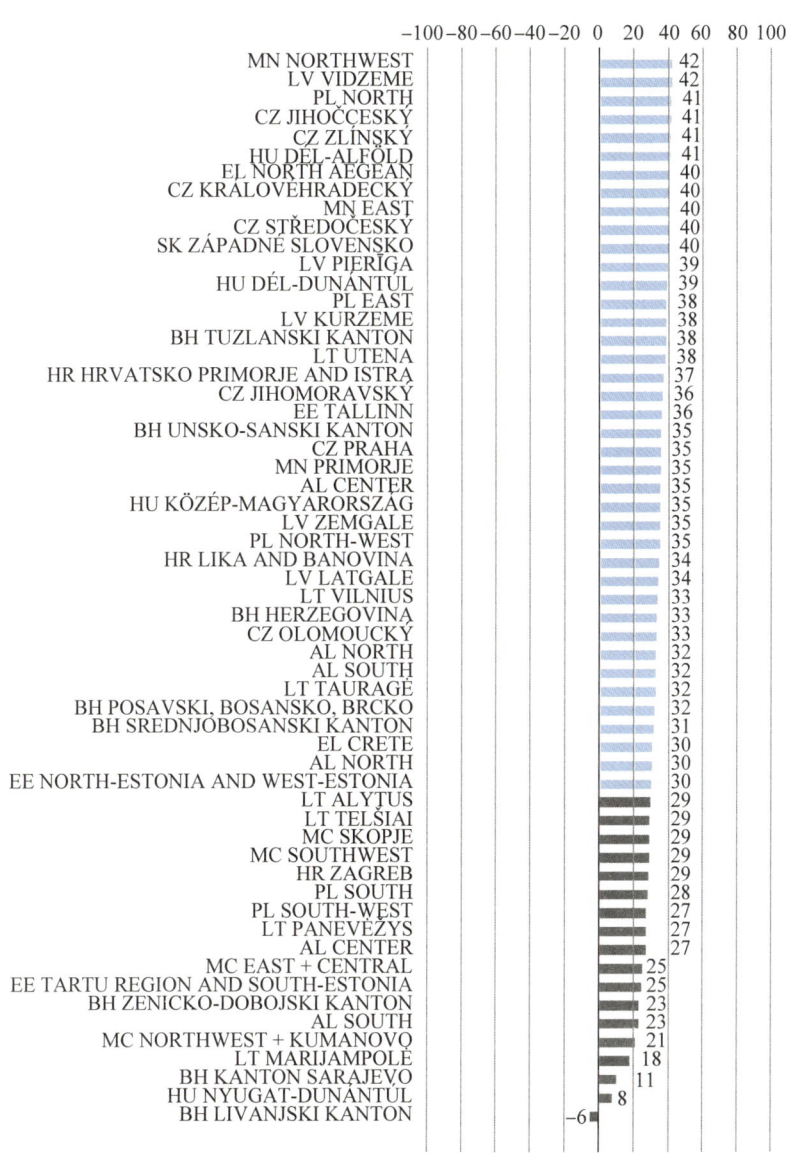

图9 你如何评价过去两年中国的经济发展？（地区分布）

-100—非常慢 +100—非常快（平均值）

资料来源：中国—中东欧研究院2018年秋季调查问卷。

· 15 ·

在地区层面，中东欧 16 国中认为中国经济发展最快的地区排名前三位的都来自保加利亚，即瓦尔纳、布尔加斯和索菲亚（如果我们计算 18 个国家，那么，来自白俄罗斯的格罗德诺地区排名第二位），而认为中国经济发展最慢的三个地区是来自波斯尼亚的萨拉热窝州和西波斯尼亚州（Livanjski kanton）以及来自匈牙利的西部—多瑙西岸（Nyugat-Dunántú）。

四 过去5年中国在世界上重要性的变化

与前面的问题一样,中东欧16国中有61%的受访者(与2017年持平)认为过去5年中国在世界上的重要性一直在改善,33%以上表明有改善,这个数值表明大多数人还是认为中国的重要性改善了不少,只有4%的人认为中国的重要性在下降(1%的数值表明在恶化,因此,4%的数值表明恶化了不少),其余34%的人对此问题保持中立。在中东欧16国中认为"改善了很多"排名前三位的国家为:保加利亚——52%;塞尔维亚——47%;斯洛文尼亚——47%(如按18国统计,则白俄罗斯的数值也比较高,为59%)。而认为恶化的国家有:波黑——21%;捷克——22%;波兰——22%。

如果结果转换为-100到+100的数值,则认为中国的重要性提升数值最高的为保加利亚(+68),而阿尔巴尼亚和波斯尼亚—黑塞哥维那的数值则较低,但仍然没有恶化(+27和+28)。其他国家介于+34和+63之间,平均值为+45,比2017年提高了两个百分点,这表明调查区域认为中国在世界上的重要性有了显著的提升。调查中包括两个新国家(希腊和白俄罗斯),平均值为+47。与2017年相比,提升程度最高的国家是保加利亚和匈牙利,而阿尔巴尼亚和爱沙尼亚的数值则最低。

上篇 总报告

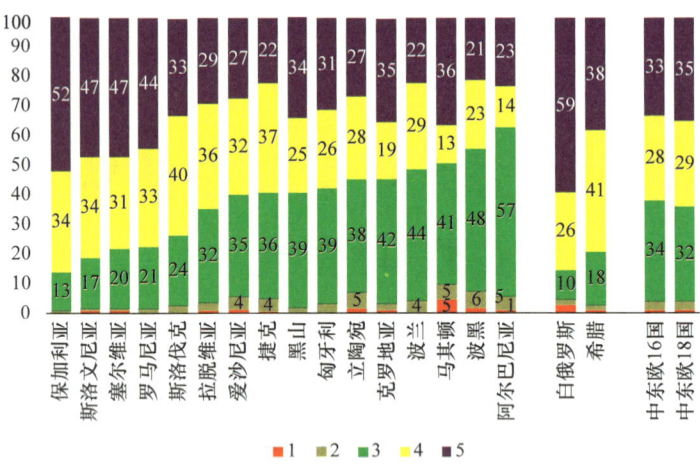

图10 你如何评价中国最近5年在世界上重要性的变化？

1—严重恶化 5—改善非常显著（答案分布，%）

资料来源：中国—中东欧研究院2018年秋季调查问卷。

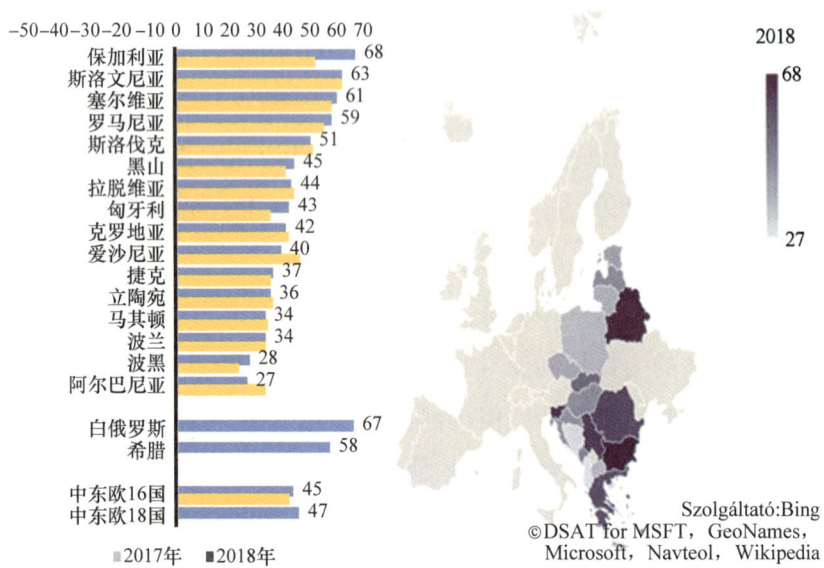

图11 你如何评价中国最近5年在世界上重要性的变化？

-100—严重恶化 +100—改善非常显著（平均值）

资料来源：中国—中东欧研究院2018年秋季调查问卷。

四 过去5年中国在世界上重要性的变化

在地区层面，认为中国在世界上的重要性提升的人数最多的是三个保加利亚地区：普罗夫迪夫、旧扎戈拉和布尔加斯（如果按18个国家计算，白俄罗斯的格罗德诺地区排在第一位），人数最少的地区是波黑的三个地区：泽尼察—多博伊、西波斯尼亚州和萨拉热窝认为中国的重要性程度中等，而不是提升。

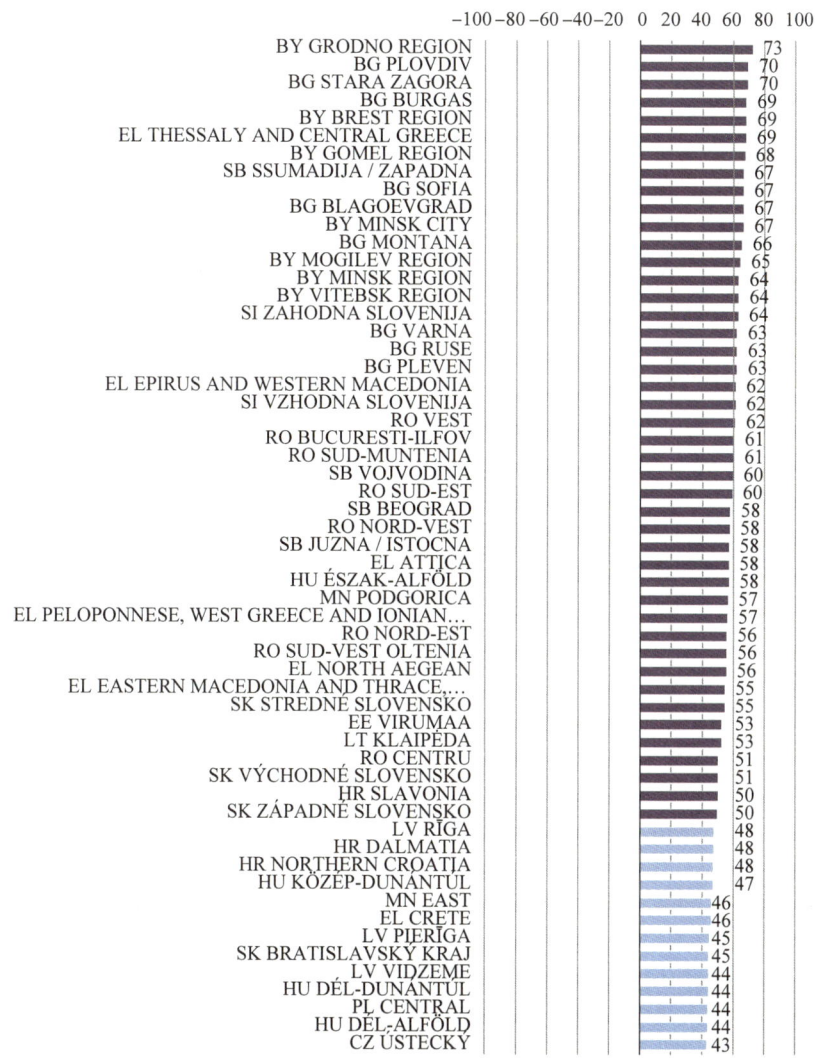

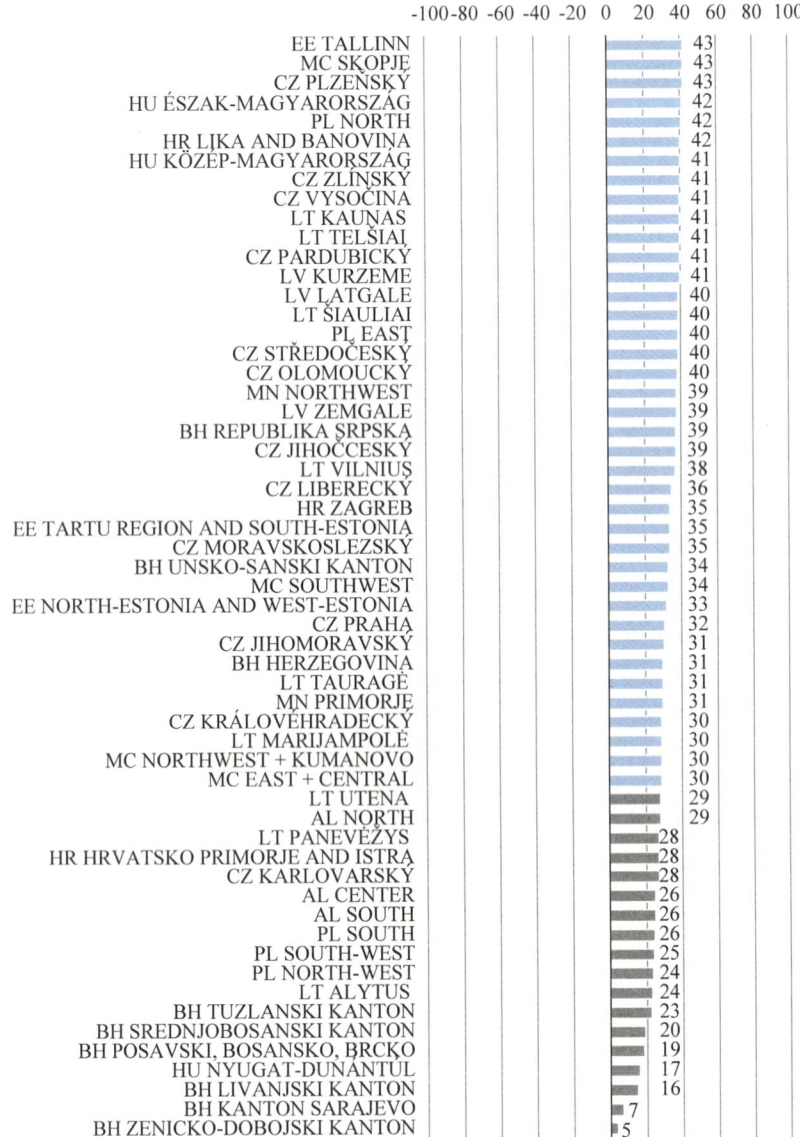

图12 你如何评价中国最近5年在世界上重要性的变化？（地区分布）

－100—严重恶化 ＋100—改善非常显著（平均值）

资料来源：中国—中东欧研究院2018年秋季调查问卷。

五　中国与中东欧国家关系的重要性

中东欧国家的受访者认为中国与本国关系相当紧密的占总数的27%，认为关系松散的占总数的24%，而近一半的受访者在这个问题上是中立的。如果考虑平均值，则此问题的调查结果与2017年相比没有显著变化。塞尔维亚认为中国与本国关系最紧密（与2017年一样）。37%的塞尔维亚受访者表示关系非常紧密，另有33%表示关系紧密。

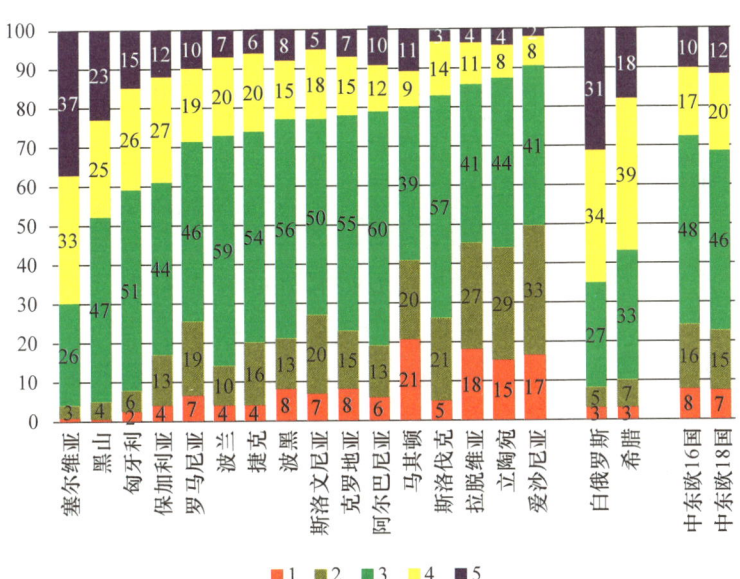

图13　你认为中国与贵国之间的关系有多紧密？

1—非常松散　5—非常紧密（答案分布,%）

资料来源：中国—中东欧研究院2018年秋季调查问卷。

根据对受访者的调查，在认为中国与本国关系紧密的国家中，除了塞尔维亚之外，黑山排在第二位，匈牙利排在第三位，而波罗的海国家表示中国与它们之间的关系最松散。与2017年相比，改善程度最大的国家是克罗地亚，而恶化程度最严重的国家是爱沙尼亚。

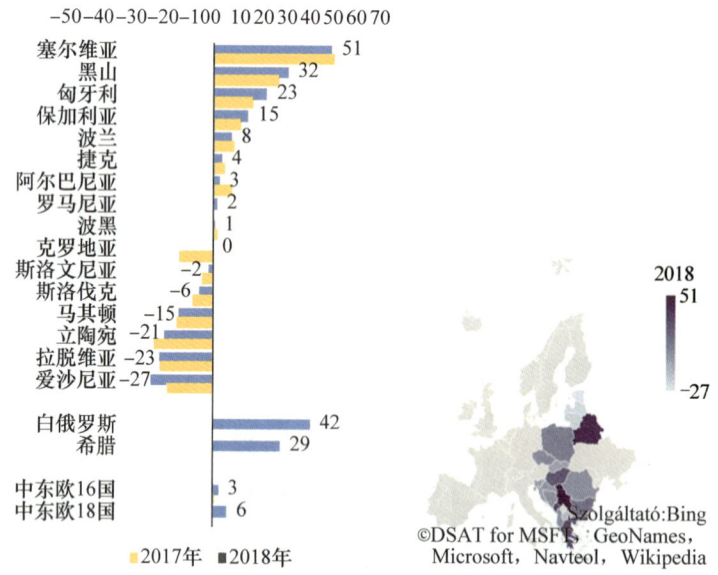

图14 你认为中国与贵国之间的关系有多紧密？

1—非常松散 5—非常紧密（平均值）

资料来源：中国—中东欧研究院2018年秋季调查问卷。

在地区层面，与2017年相似，以下三个塞尔维亚地区的居民认为本国与中国的关系最为密切：东部和南部地区（转换为－100至＋100的数值，认为非常紧密的数值为＋58）、西部和北部地区（非常紧密＋52）、伏伊伏丁那（非常紧密＋49）。

除了上述地区之外，6个白俄罗斯地区和另外一个塞尔维亚地区认为本国与中国关系紧密，数值在＋39和＋45之间，以上地区

五 中国与中东欧国家关系的重要性

排名前 10 位。另外,有 20 个波罗的海地区、4 个马其顿地区、2 个波黑地区和 1 个罗马尼亚地区认为本国与中国关系更偏向松散(在 -10 与 -35 之间)。

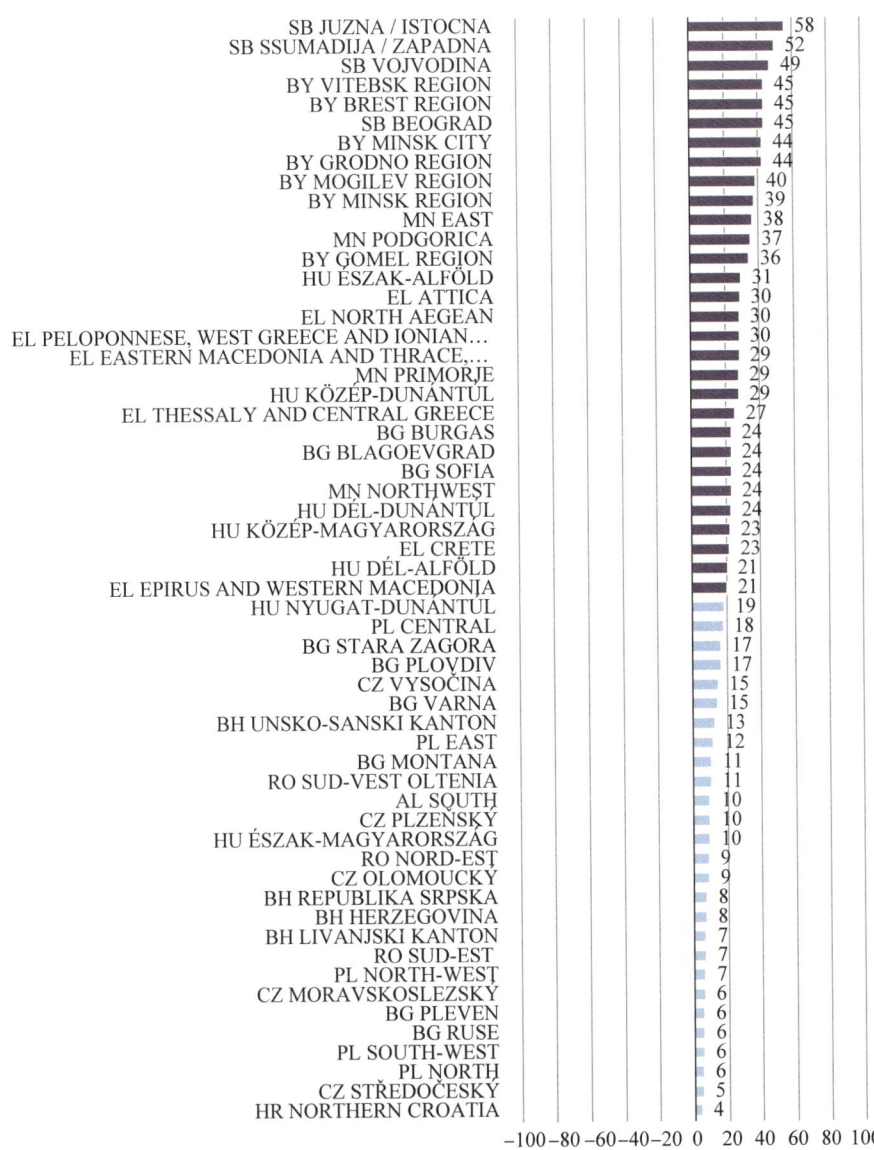

· 23 ·

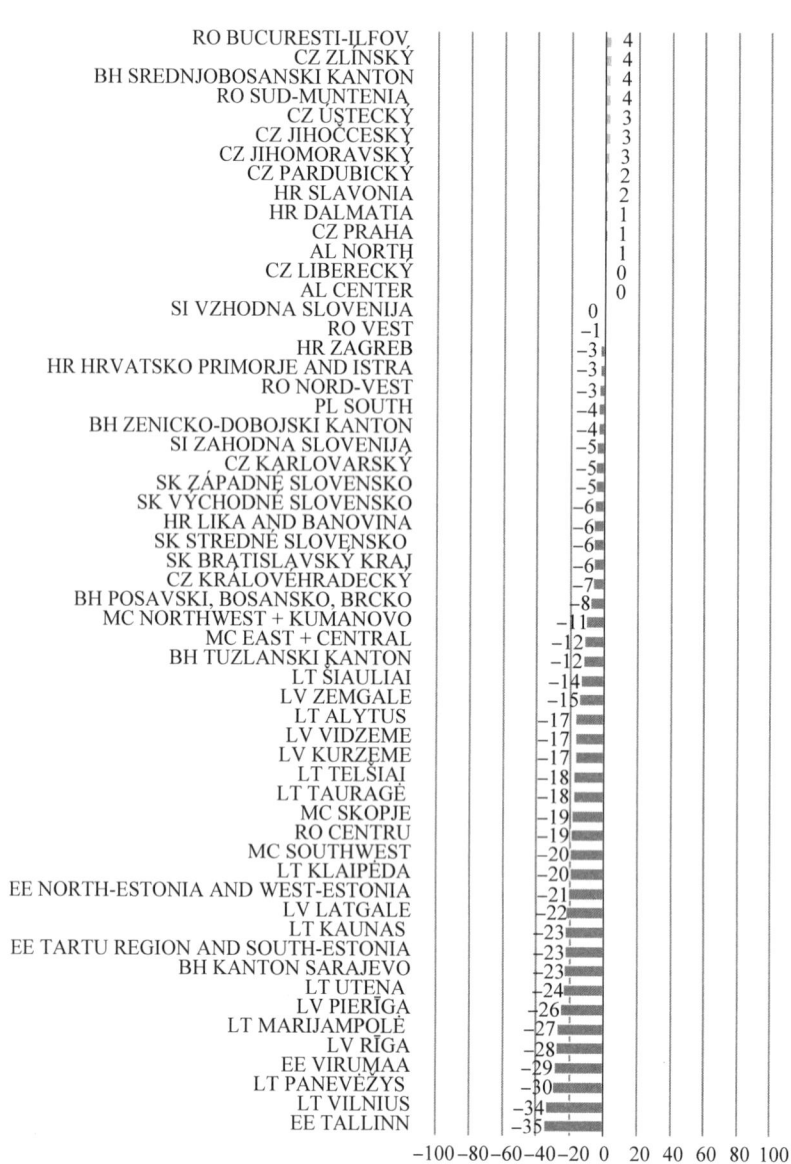

图15 你认为中国与贵国之间的关系有多紧密?

-100—非常松散 +100—非常紧密(平均值)

资料来源:中国—中东欧研究院2018年秋季调查问卷。

六 评估"一带一路"倡议的可能影响

中东欧16国中有37%的受访者（2017年为34%）认为未来5年，旨在加强中国与中东欧国家之间贸易和经济关系的"一带一路"倡议可能产生巨大的影响，17%的人认为该倡议非常富有成效，2017年该项数据为14%。另外，10%的人认为影响尚可，与2017年相比没有变化，而只有6%的人认为该倡议根本不会产生影响（比2017年增加1个百分点）。剩下的人对这个问题保持中立。认为影响巨大的居民比重最高的国家是：塞尔维亚、保加利亚和立陶宛（尽管该国居民认为其与中国之间的关系松散，但他们对"一带一路"倡议可能产生的影响还是很有信心的）。而比较悲观的国家是：爱沙尼亚、立陶宛和波黑。

转换为-100至+100的数值，与2017年一样，塞尔维亚的居民认为"一带一路"倡议在未来5年内可能产生的影响最大（+42，2017年为+31），其次是保加利亚（+37，2017年为+22）和立陶宛（与2017年同为+30），而爱沙尼亚、克罗地亚和波黑的居民在这个问题上是最悲观的（与2017年类似）。平均值为+16（2017年为+13），说明整个调查地区的看法有所改善。调查中包括的两个新国家（希腊与白俄罗斯），平均值为+18。与2017年相比，对此问题态度改善程度最大的国家是保加利亚和塞尔维亚，而爱沙尼亚、马其顿和波兰则是恶化程度最高的国家。

◆ 上篇 总报告

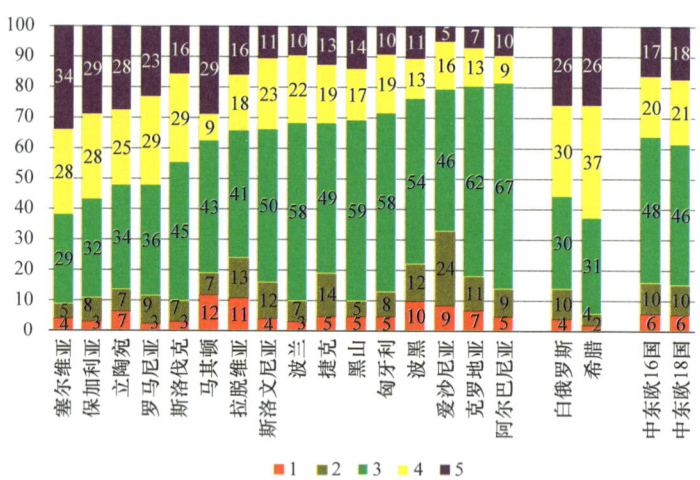

图16 如何看待未来5年旨在加强中国与贵国之间贸易和经济关系的
"一带一路"倡议可能产生的影响？

1—完全没有影响 5—非常富有成效（答案分布,%）

资料来源：中国—中东欧研究院2018年秋季调查问卷。

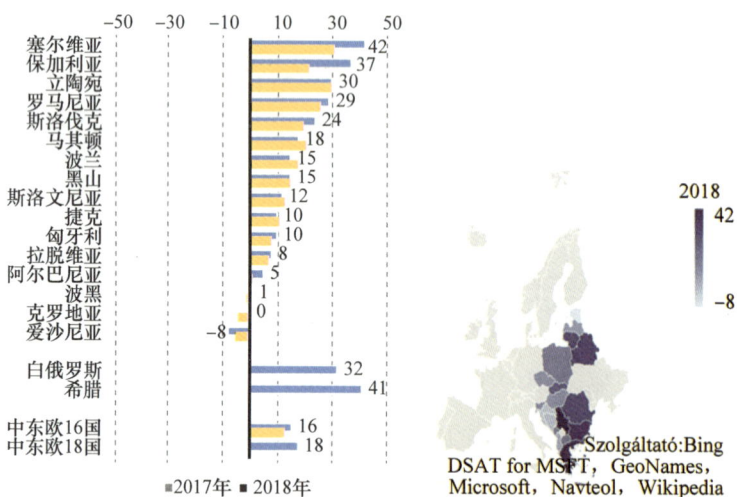

图17 如何看待未来5年旨在加强中国与贵国之间贸易和经济关系的
"一带一路"倡议可能产生的影响？

-100—完全没有影响 +100—非常富有成效（平均值）

资料来源：中国—中东欧研究院2018年秋季调查问卷。

六 评估"一带一路"倡议的可能影响

BH KANTON SARAJEVO	-43
BH TUZLANSKI KANTON	-22
BH POSAVSKI, BOSANSKO, BRCKO	-22
EE TALLINN	-10
EE TARTU REGION AND SOUTH-ESTONIA	-9
HR LIKA AND BANOVINA	-6
EE NORTH-ESTONIA AND WEST-ESTONIA	-6
BH ZENICKO-DOBOJSKI KANTON	-6
HR DALMATIA	-3
HU NYUGAT-DUNÁNTÚL	-2
CZ KRÁLOVÉHRADECKÝ	-2
EE VIRUMAA	-2
HR ZAGREB	-2
CZ JIHOMORAVSKÝ	0
BH SREDNJOBOSANSKI KANTON	0
HR NORTHERN CROATIA	1
HR HRVATSKO PRIMORJE AND ISTRA	1
AL NORTH	2
MN EAST	2
BG MONTANA	3
AL SOUTH	3
LV RĪGA	3
CZ KARLOVARSKÝ	5
PL SOUTH-WEST	6
LV ZEMGALE	6
CZ JIHOČESKÝ	6
PL NORTH	7
HU DÉL-ALFÖLD	7
HR SLAVONIA	7
CZ MORAVSKOSLEZSKÝ	8
AL CENTER	9
CZ PARDUBICKÝ	9
SI VZHODNA SLOVENIJA	10
CZ PRAHA	10
HU ÉSZAK-MAGYARORSZÁG	10
HU DÉL-DUNÁNTÚL	10
LV LATGALE	10
BH HERZEGOVINA	10
HU ÉSZAK-ALFÖLD	11
HU KÖZÉP-MAGYARORSZÁG	11
PL SOUTH	11
CZ LIBERECKÝ	12
LV PIERĪGA	12
LV KURZEME	12
PL NORTH-WEST	13
CZ VYSOČINA	13
CZ STŘEDOČESKÝ	14
CZ PLZEŇSKÝ	14
LT ALYTUS	15
SI ZAHODNA SLOVENIJA	15
CZ ZLÍNSKÝ	15
SK BRATISLAVSKÝ KRAJ	16
MN NORTHWEST	16
LV VIDZEME	17
MN PODGORICA	18
BH REPUBLIKA SRPSKA	18
MC SKOPJE	18

-100 -80 -60 -40 -20 0 20 40 60 80 100

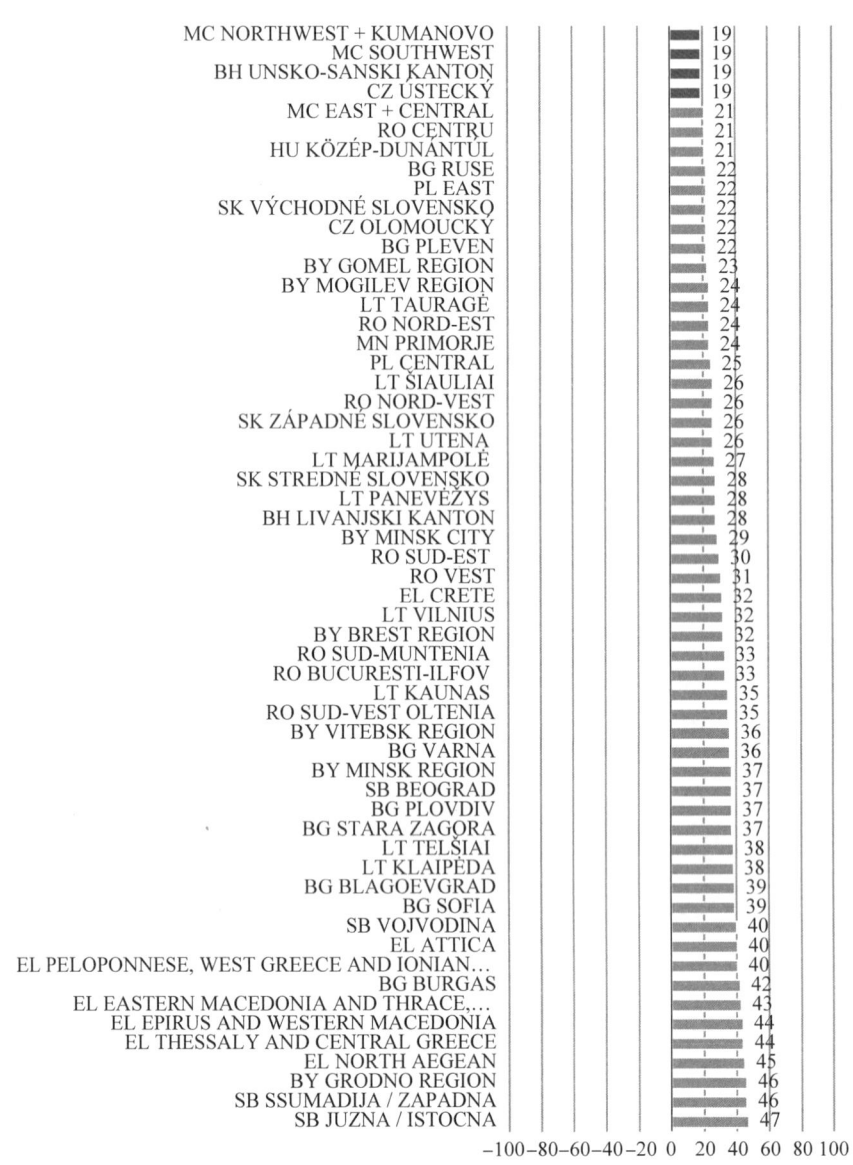

图18　如何看待未来5年旨在加强中国与贵国之间贸易和经济关系的"一带一路"倡议可能产生的影响？

-100—完全没有影响　+100—非常富有成效（平均值）

资料来源：中国—中东欧研究院2018年秋季调查问卷。

六 评估"一带一路"倡议的可能影响

在地区层面，认为未来 5 年"一带一路"倡议可能产生的影响非常富有成效的前三个地区为：塞尔维亚东部和南部地区，为 +47，其次是保加利亚、白俄罗斯、塞尔维亚和希腊的地区，数值均高于 +40。而地区排名的另一端是波黑 4 个地区、爱沙尼亚 3 个地区和克罗地亚 1 个地区，他们不相信这一倡议会产生任何影响（数值在 -6 与 -43 之间）。

七　对中国与中东欧国家合作的认知

中东欧16国中有57%的受访者已经听说过中国与中东欧国家的合作（比2017年提高了两个百分点），而43%的人没有听说过。有50%的人已经听说过合作，但不知道是关于什么的合作，42%的人知道一些细节，只有5%的人知道很多细节，而3%的人表示完全清楚。后两个比重比2017年提高了1个百分点。

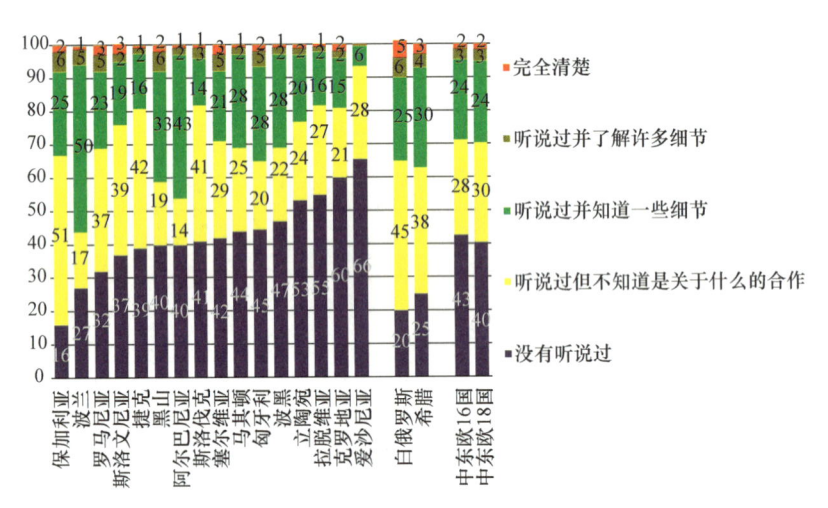

图19　你是否听说过中国与贵国参与的中国—中东欧国家（"16+1"）合作？①（答案分布,%）

资料来源：中国—中东欧研究院2018年秋季调查问卷。

---

① 希腊和白俄罗斯没有参与到这项合作中，因此对这两个国家调查的问题是："你是否听说过中国—中东欧合作（'16+1'）？"

知道本国参与合作的大量详细信息的国家是罗马尼亚、保加利亚、黑山和塞尔维亚（尽管白俄罗斯人没有参与这一跨国合作，但他们也非常了解情况）。排名的另一端是知情程度较低的国家，包括爱沙尼亚、拉脱维亚和捷克。与2017年相比，改善程度最大的国家是保加利亚。

下篇 国家报告

一　阿尔巴尼亚

阿尔巴尼亚居民在评估过去两年中国经济发展的问题上，结果转换为 -100 至 +100 的数值，为快速（+26），比 2017 年（+34）的数值低，比中东欧 16 国的平均水平（+43）更低，排在被调查国家中的最后一位。按年龄组——18—29 岁和 45—59 岁，按性别——男性，按地区——城市，按受教育程度——受过中等和高等教育人员的评估高于阿尔巴尼亚人的平均水平。

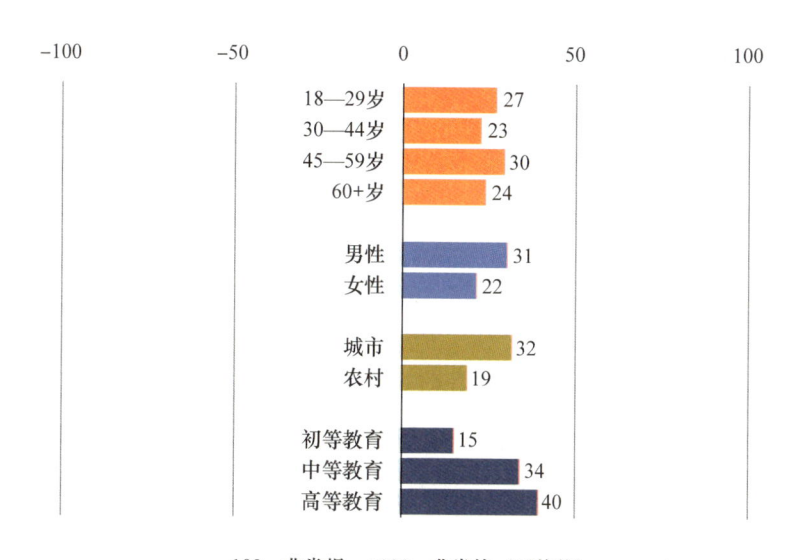

18—29岁	27
30—44岁	23
45—59岁	30
60+岁	24
男性	31
女性	22
城市	32
农村	19
初等教育	15
中等教育	34
高等教育	40

-100—非常慢　+100—非常快（平均值）

下篇 国家报告

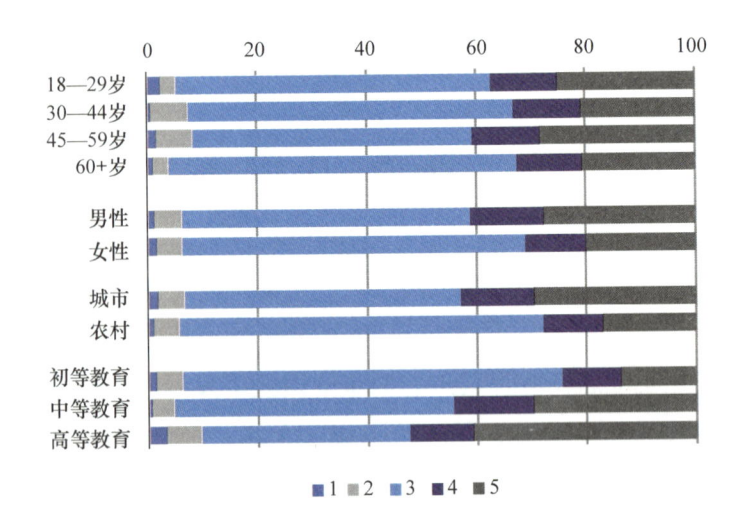

图20 你如何评价过去两年中国的经济发展？
1—非常慢 5—非常快（答案分布,%）

资料来源：中国—中东欧研究院2018年秋季调查问卷。

根据对阿尔巴尼亚居民进行调查的结果，中国过去5年中在世界上的重要性有所提高，数值为+34（2017年为+27），该数值低于中东欧16国的平均值（+45），这也排在被调查国家中的最后。按年龄组——18—29岁和60岁以上老年人，按性别——男性，按地区——城市，按受教育程度——受过中等和高等教育人员的数值高于阿尔巴尼亚的平均值。

根据对阿尔巴尼亚居民进行调查的结果，评估中国与阿尔巴尼亚之间的关系转换为-100至+100的数值为+3（2017年为+8），表明稍紧密，该数值与中东欧16国的平均值（+3）相等，在被调查国家中排名第七位。按年龄组——45—59岁，按地区——农村居民的数值高于阿尔巴尼亚的平均值。

一 阿尔巴尼亚

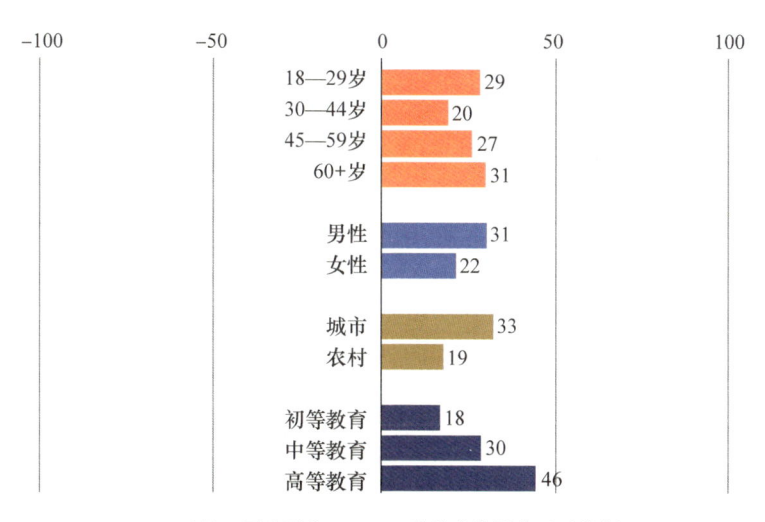

	数值
18—29岁	29
30—44岁	20
45—59岁	27
60+岁	31
男性	31
女性	22
城市	33
农村	19
初等教育	18
中等教育	30
高等教育	46

−100—严重恶化 +100—改善非常显著（平均值）

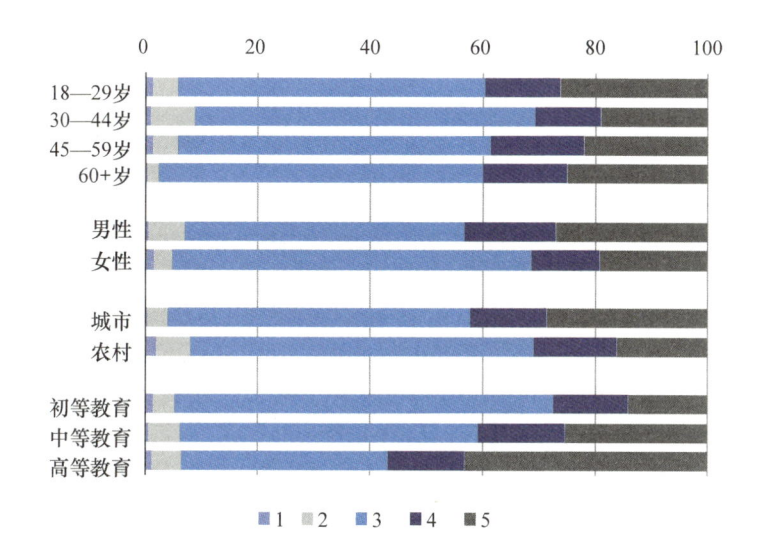

图21 你如何评价中国最近5年在世界上重要性的变化？

1—严重恶化 5—改善非常显著（答案分布,%）

资料来源：中国—中东欧研究院2018年秋季调查问卷。

下篇　国家报告

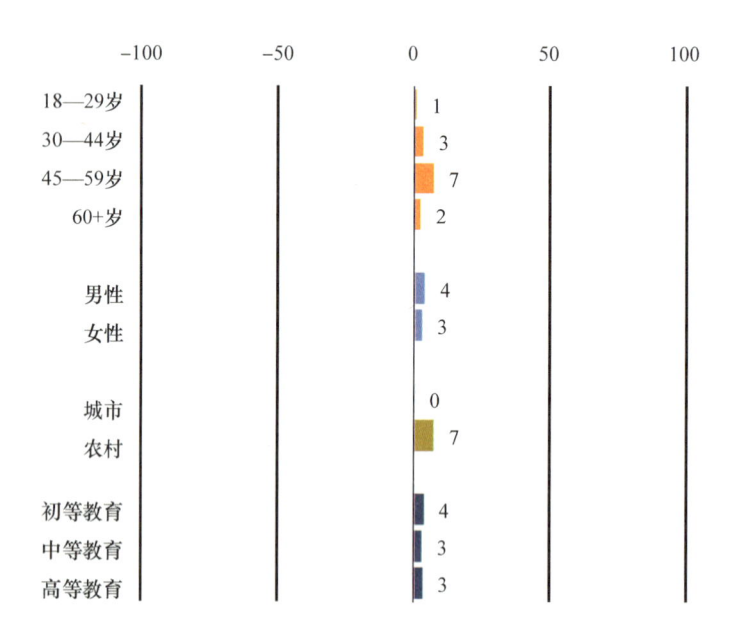

	-100	-50	0	50	100
18—29岁			1		
30—44岁			3		
45—59岁			7		
60+岁			2		
男性			4		
女性			3		
城市			0		
农村			7		
初等教育			4		
中等教育			3		
高等教育			3		

-100—非常松散　+100—非常紧密（平均值）

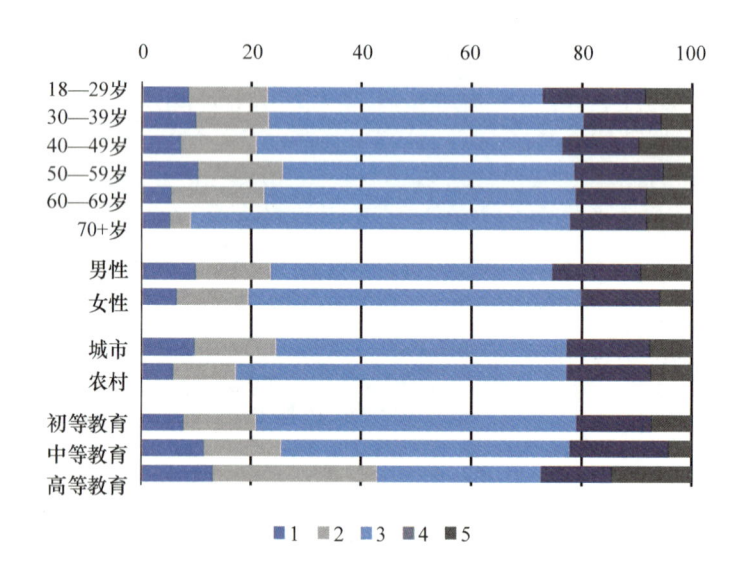

■1　■2　■3　■4　■5

图22　你认为中国与阿尔巴尼亚之间的关系有多紧密？

1—非常松散　5—非常紧密（答案分布,%）

资料来源：中国—中东欧研究院2018年秋季调查问卷。

一　阿尔巴尼亚

对于旨在加强中国与阿尔巴尼亚之间贸易和经济关系的"一带一路"倡议在未来5年可能产生的影响，阿尔巴尼亚居民的看法偏中性，数值为+5（2017年为+1），低于中东欧16国的平均值（+16），处于被调查国家排名的第13位。按年龄组——60岁以上，按地区——城市，按受教育程度——受过高等教育人员的评价高于阿尔巴尼亚人的平均水平。

40%的阿尔巴尼亚人没有听说过中国与阿尔巴尼亚参加的中国—中东欧国家（"16＋1"）合作。另外60%（这部分按100%计算）中，23%已经听说过这件事，但不知道具体是什么，而72%知道一些细节，3%的人知道很多细节，只有2%的人表示他/她完全清楚细节。

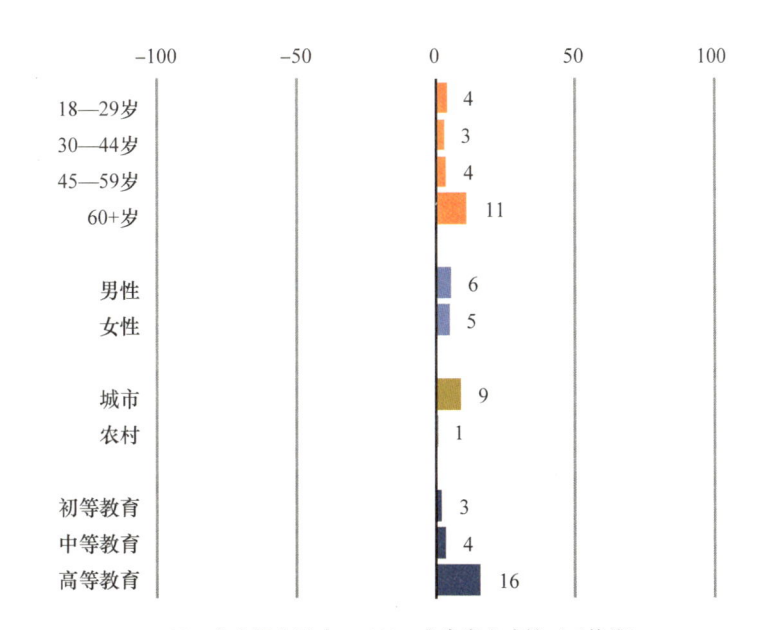

18—29岁	4
30—44岁	3
45—59岁	4
60+岁	11
男性	6
女性	5
城市	9
农村	1
初等教育	3
中等教育	4
高等教育	16

-100—完全没有影响　+100—非常富有成效（平均值）

下篇　国家报告

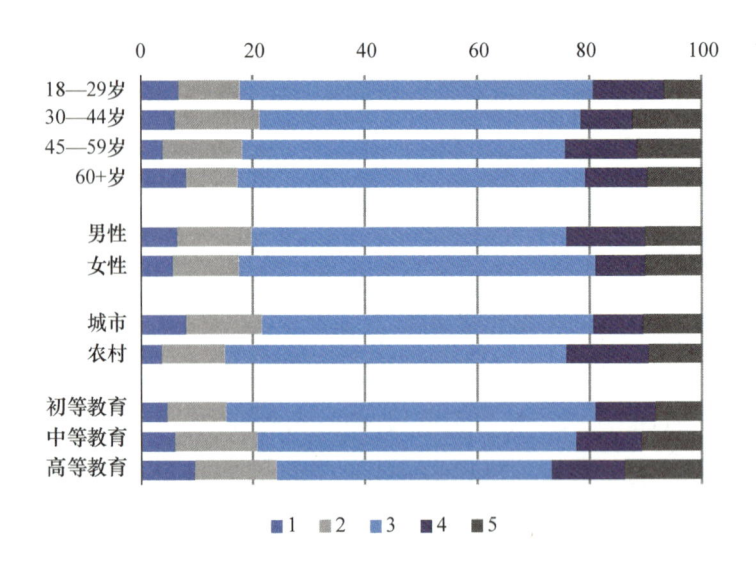

图 23　如何看待未来 5 年旨在加强中国与贵国之间贸易和经济关系的"一带一路"倡议可能产生的影响？

1—完全没影响　5—非常富有成效（答案分布,%）

资料来源：中国—中东欧研究院 2018 年秋季调查问卷。

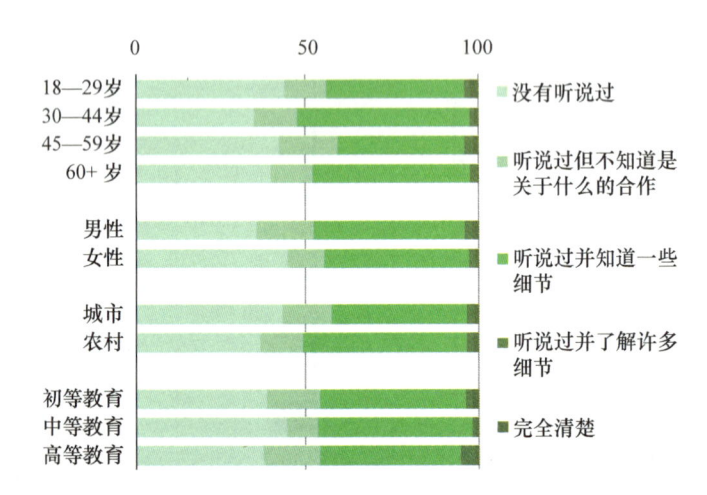

图 24　你是否听说过中国与贵国参与的中国—中东欧国家（"16 + 1"）合作？（答案分布,%）

资料来源：中国—中东欧研究院 2018 年秋季调查问卷。

二　白俄罗斯

白俄罗斯居民评估中国过去两年的经济发展（转换为 -100 至 +100 的数值）为非常快（+55），比中东欧 16 国或中东欧 18 国平均值（+43 和 +44）高出很多。按年龄组划分——30—39 岁和 55—69 岁，按地区划分——居住在农村地区和其他城镇，按受教育程度划分——受过高等教育人员的评估高于白俄罗斯平均水平。

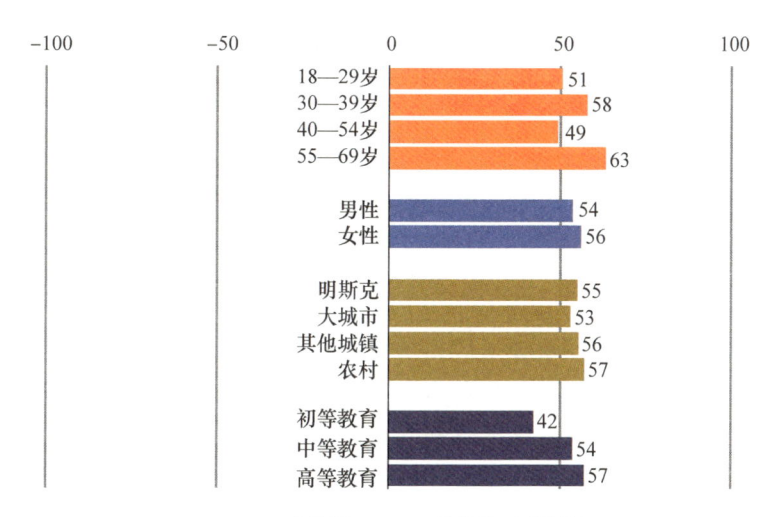

18—29岁	51
30—39岁	58
40—54岁	49
55—69岁	63
男性	54
女性	56
明斯克	55
大城市	53
其他城镇	56
农村	57
初等教育	42
中等教育	54
高等教育	57

-100—非常慢　+100—非常快（平均值）

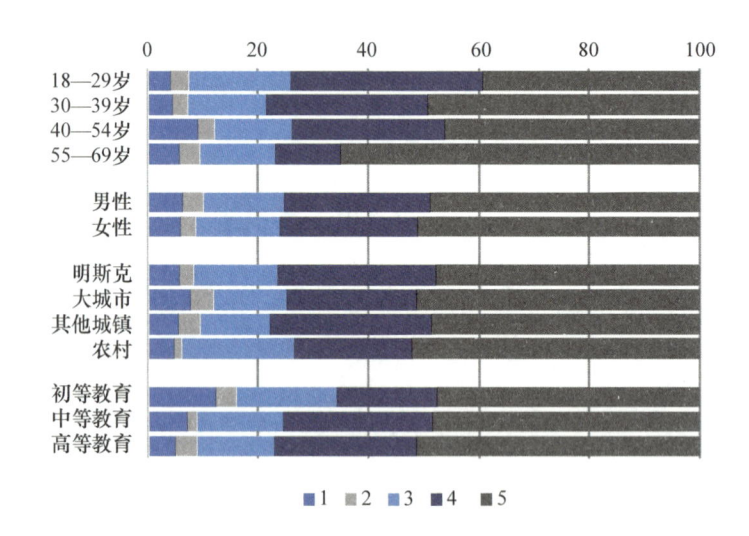

图 25 你如何评价过去两年中国的经济发展?

1—非常慢　5—非常快（答案分布,%）

资料来源：中国—中东欧研究院 2018 年秋季调查问卷。

根据白俄罗斯人的观点，中国在世界上的重要性在过去 5 年有所改善（+67），该数值高于中东欧 16 国或中东欧 18 国平均值（+45 和 +47）。按年龄组划分——30—39 岁和 55—69 岁，按性别划分——男性，按地区划分——居住在明斯克和大城市，按受教育程度划分——受过高等教育人员的数值高于白俄罗斯的平均值。

白俄罗斯居民评估中国与白俄罗斯之间关系的结果转换为 −100 至 +100 的数值，数值为 +42，表明中白关系非常紧密，高于中东欧 16 国和中东欧 18 国的平均值（+3 和 +6）。按年龄组划分——30—39 岁和 55—69 岁，按性别划分——女性，按地区划分——居住在大城市，按受教育程度划分——受过高等教育人员的数值高于白俄罗斯平均水平。

二　白俄罗斯

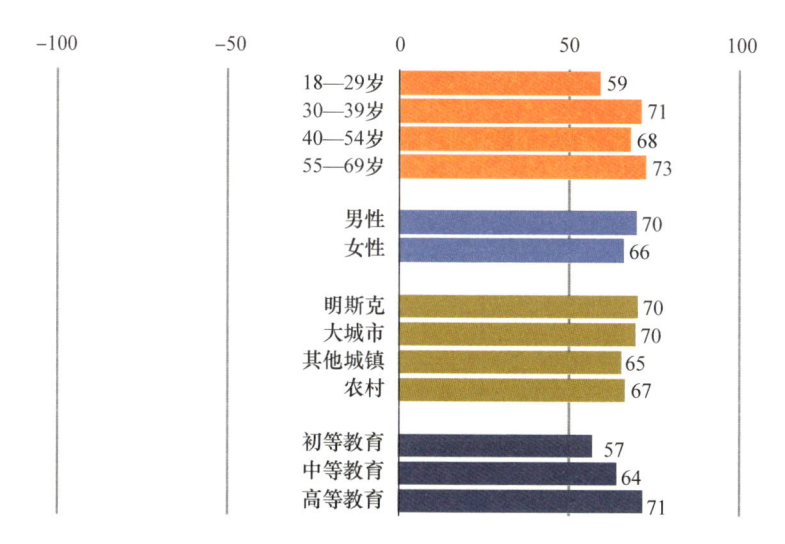

18—29岁	59
30—39岁	71
40—54岁	68
55—69岁	73
男性	70
女性	66
明斯克	70
大城市	70
其他城镇	65
农村	67
初等教育	57
中等教育	64
高等教育	71

−100—严重恶化　+100—改善非常显著（平均值）

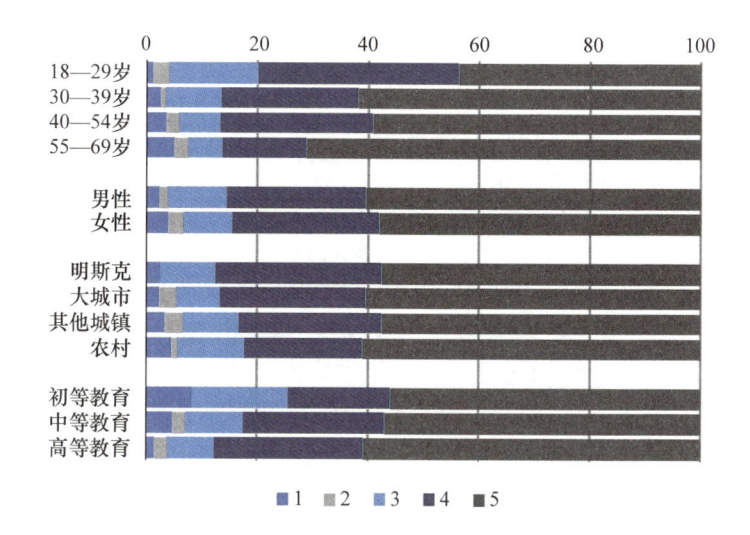

图26　你如何评价中国最近5年在世界上重要性的变化？

1—严重恶化　5—改善非常显著（答案分布,%）

资料来源：中国—中东欧研究院2018年秋季调查问卷。

下篇　国家报告

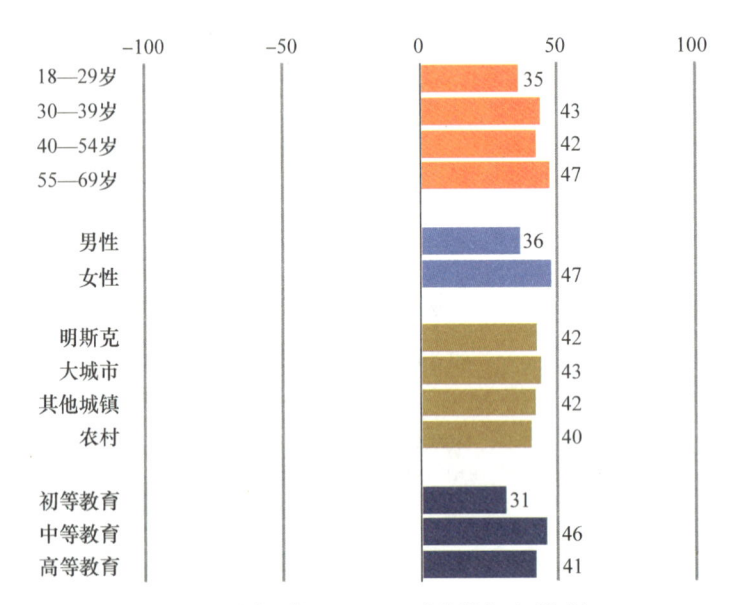

	值
18—29岁	35
30—39岁	43
40—54岁	42
55—69岁	47
男性	36
女性	47
明斯克	42
大城市	43
其他城镇	42
农村	40
初等教育	31
中等教育	46
高等教育	41

−100—非常松散　　+100—非常紧密（平均值）

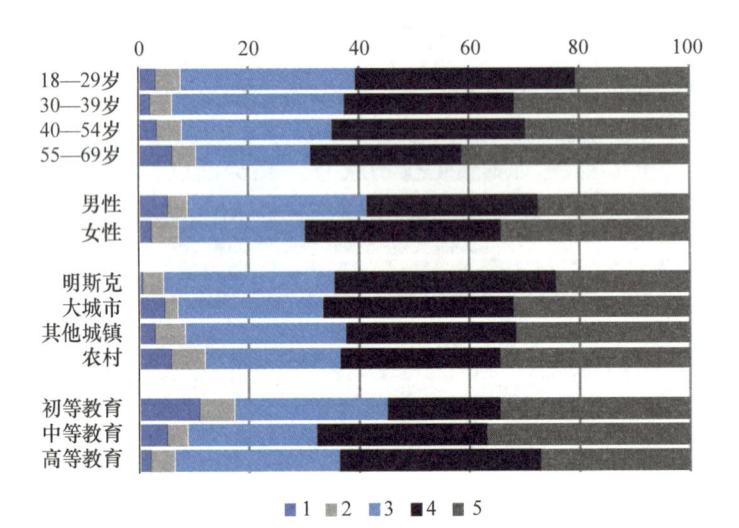

图27　你认为中国与白俄罗斯之间的关系有多紧密？
1—非常松散　5—非常紧密（答案分布,%）

资料来源：中国—中东欧研究院2018年秋季调查问卷。

二　白俄罗斯

白俄罗斯人认为未来5年"一带一路"倡议可能产生积极影响（+32），高于中东欧16国和中东欧18国的平均水平（+16和+18）。按年龄组划分——30—39岁和55—69岁，按性别划分——女性，按地区划分——居住在大城市和农村地区，按教育程度划分——受过中等教育的人群数值高于白俄罗斯平均水平。

20%的白俄罗斯人没有听说过中国与中东欧国家之间的合作（"16+1"）。另外80%（这部分按100%计算）中，56%的人已经听说过此项合作，但不知道具体是什么，而31%知道一些细节，7%的人知道很多细节，6%的人表明他/她完全清楚。

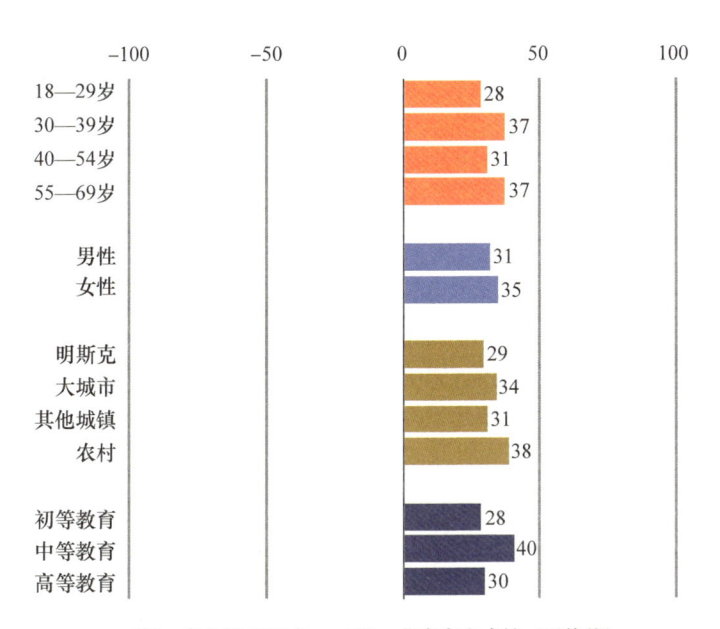

18—29岁	28
30—39岁	37
40—54岁	31
55—69岁	37
男性	31
女性	35
明斯克	29
大城市	34
其他城镇	31
农村	38
初等教育	28
中等教育	40
高等教育	30

−100—完全没有影响　　+100—非常富有成效（平均值）

下篇　国家报告

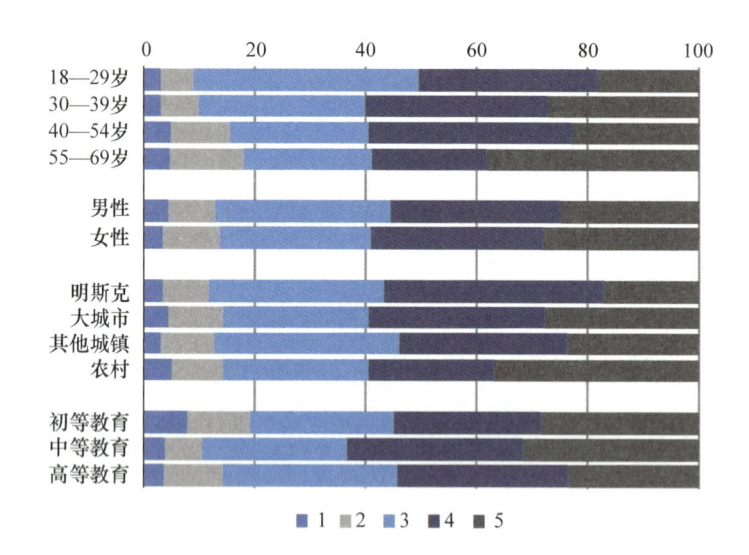

图28　如何看待未来5年旨在加强中国与贵国之间贸易和经济关系的"一带一路"倡议可能产生的影响？

1—完全没有影响　5—非常富有成效（答案分布,%）

资料来源：中国—中东欧研究院2018年秋季调查问卷。

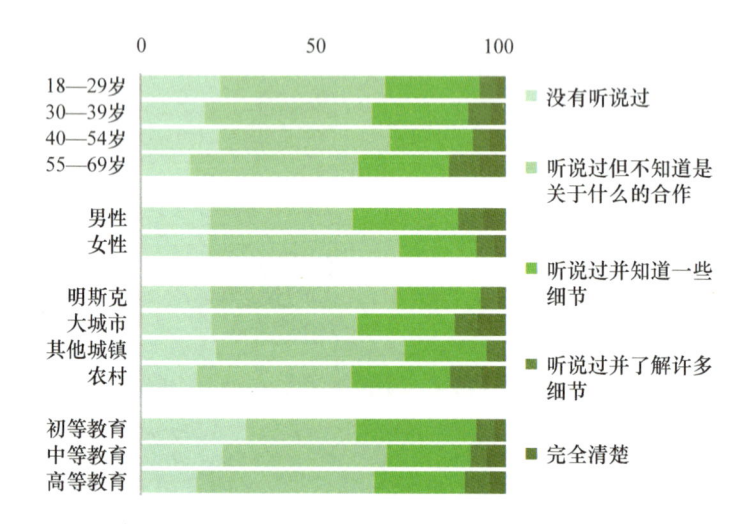

图29　你是否听说过中国与贵国参与的中国—中东欧国家
（"16 + 1"）合作？（答案分布,%）

资料来源：中国—中东欧研究院2018年秋季调查问卷。

三　波黑

在评估过去两年中国经济发展的问题上，转换为-100至+100的数值，波黑居民认为是快速（+35），该数值比2017年（+27）高，表明波黑认为中国近两年的经济发展快的人比2017年要多，但该数值比中东欧16国的平均水平低（+43），处于被调查国家排名第12位。按年龄——18—29岁、40—49岁和50—59岁，按性别——男性，按地区——农村，按受教育程度——受过高等教育人员的数值高于波黑平均值。

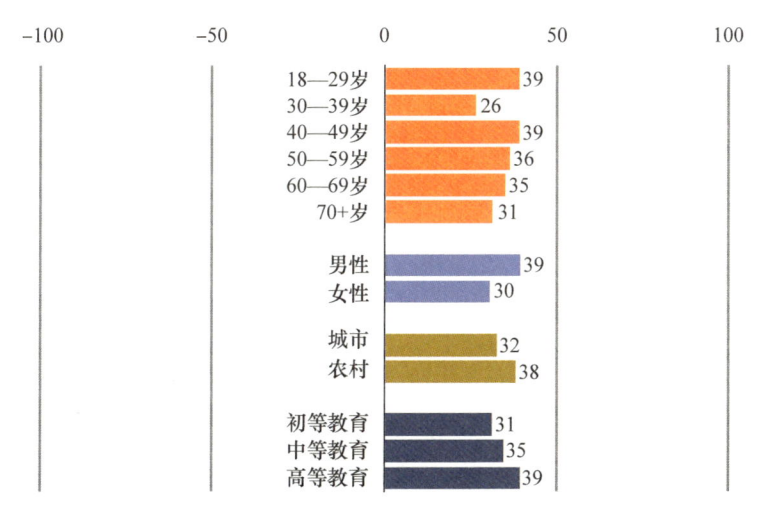

18—29岁	39
30—39岁	26
40—49岁	39
50—59岁	36
60—69岁	35
70+岁	31
男性	39
女性	30
城市	32
农村	38
初等教育	31
中等教育	35
高等教育	39

-100—非常慢　+100—非常快（平均值）

下篇　国家报告

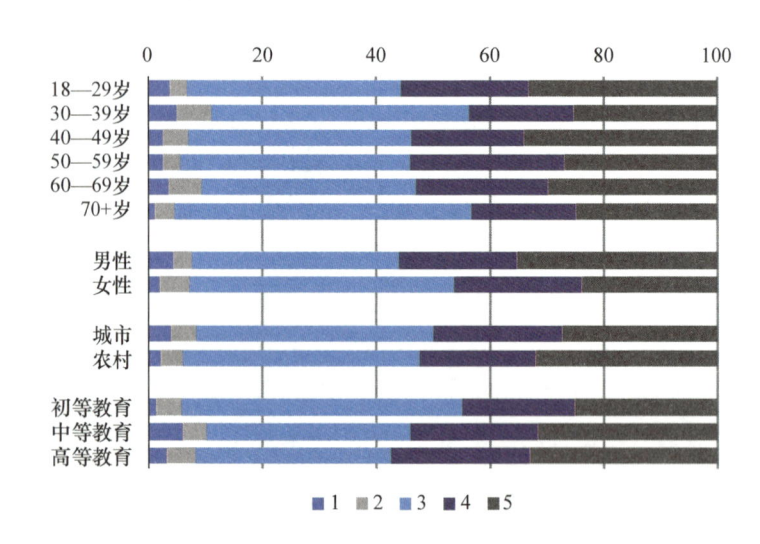

图30　你如何评价过去两年中国的经济发展？

1—非常慢　5—非常快（答案分布,%）

资料来源：中国—中东欧研究院2018年秋季调查问卷。

根据波黑居民的回答，在过去5年中，中国在世界上的重要性有所改善，数值为+28（2017年为+24），但是低于中东欧16国平均值（+45），处于被调查国家的第15位。按年龄组划分——18—29岁和60—69岁，按地区——农村，按受教育程度——受过中等和高等教育人员认为中国在世界上的重要性改善的比例高于波黑的平均水平。

在评估中国与波黑之间关系的调查中，转换为-100至+100的数值，结果为+1（2017年为+2），表示既不紧密也不松散，稍低于中东欧16国的平均值（+3），处于被调查国家排名的第9位。按年龄组——18—29岁、40—49岁和70岁以上，按地区——农村认为中国与波黑关系紧密的比例高于波黑的平均水平。

三 波黑

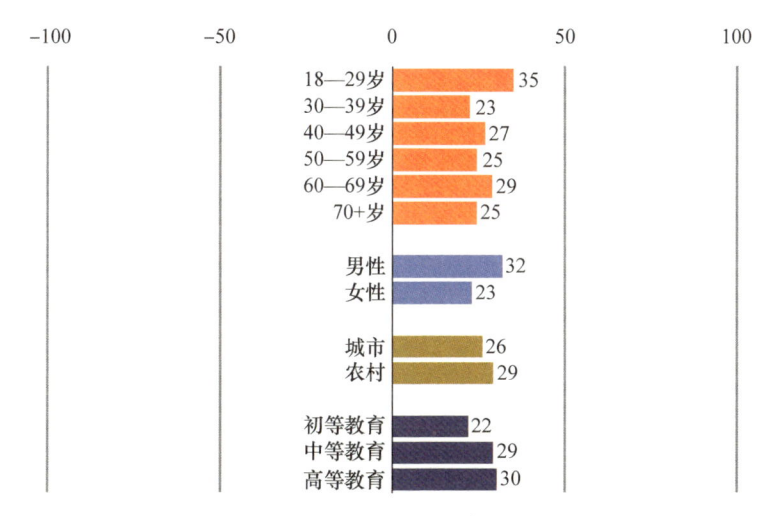

18—29岁	35
30—39岁	23
40—49岁	27
50—59岁	25
60—69岁	29
70+岁	25
男性	32
女性	23
城市	26
农村	29
初等教育	22
中等教育	29
高等教育	30

-100—严重恶化　+100—改善非常显著（平均值）

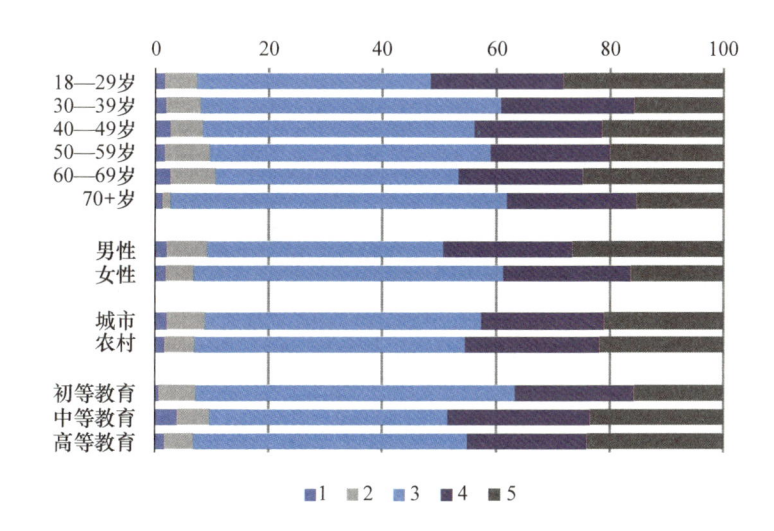

■1　■2　■3　■4　■5

图31　你如何评价中国最近5年在世界上重要性的变化？

1—严重恶化　5—改善非常显著（答案分布,%）

资料来源：中国—中东欧研究院2018年秋季调查问卷。

· 49 ·

◆ 下篇 国家报告

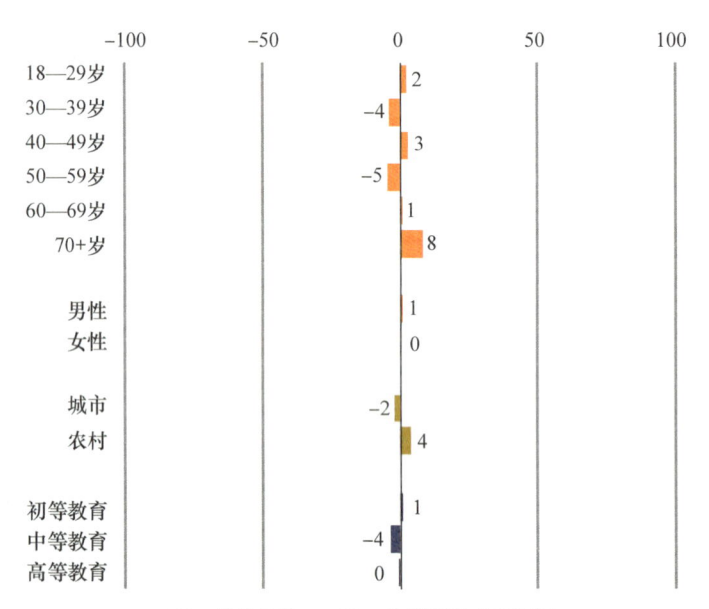

	值
18—29岁	2
30—39岁	-4
40—49岁	3
50—59岁	-5
60—69岁	1
70+岁	8
男性	1
女性	0
城市	-2
农村	4
初等教育	1
中等教育	-4
高等教育	0

-100—非常松散 +100—非常紧密（平均值）

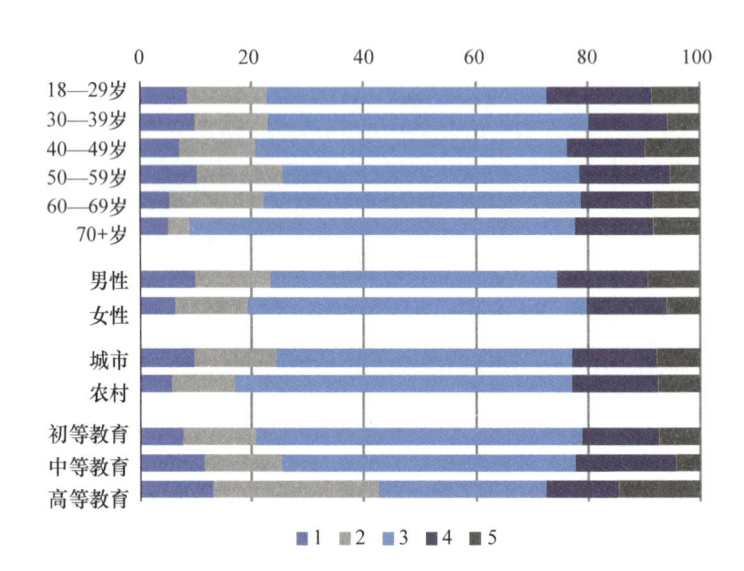

图32 你认为中国与波黑之间的关系有多紧密？

1—非常松散 5—非常紧密（答案分布,%）

资料来源：中国—中东欧研究院2018年秋季调查问卷。

三 波黑

在关于旨在加强中国与波黑之间贸易和经济关系的"一带一路"倡议在未来5年可能产生的影响的调查中,波黑居民的回答偏中性,数值为+1(2017年为-1),低于中东欧16国的平均值(+16),处于被调查国家排名的第14位。按年龄组——18—29岁、40—49岁和70岁以上,按性别——男性,按地区——农村的数值高于波黑的平均水平。

47%的波黑居民没有听说过中国与包括波黑在内的中东欧国家("16+1")之间的合作。另外53%(这部分按100%计算)中,42%已经听说过这个合作,但不知道具体是什么,而53%的人知道一些,4%的人知道很多细节,只有2%的人表示他/她完全清楚细节。

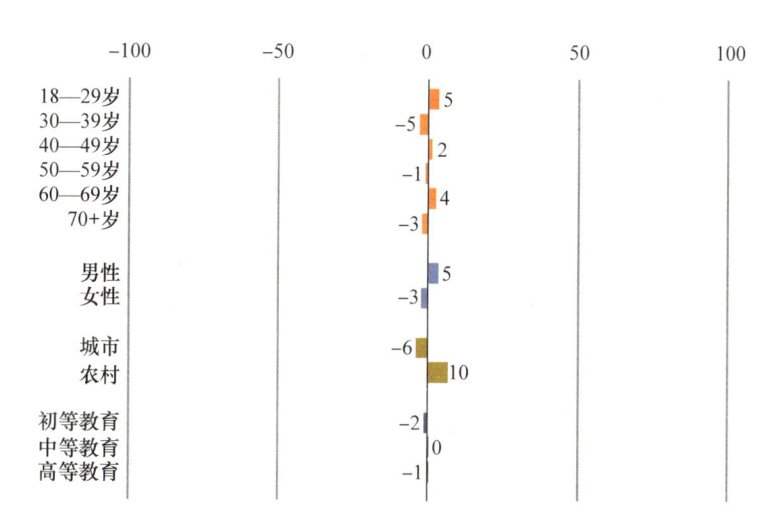

18—29岁	5
30—39岁	-5
40—49岁	2
50—59岁	-1
60—69岁	4
70+岁	-3
男性	5
女性	-3
城市	-6
农村	10
初等教育	-2
中等教育	0
高等教育	-1

-100—完全没有影响 +100—非常富有成效(平均值)

下篇 国家报告

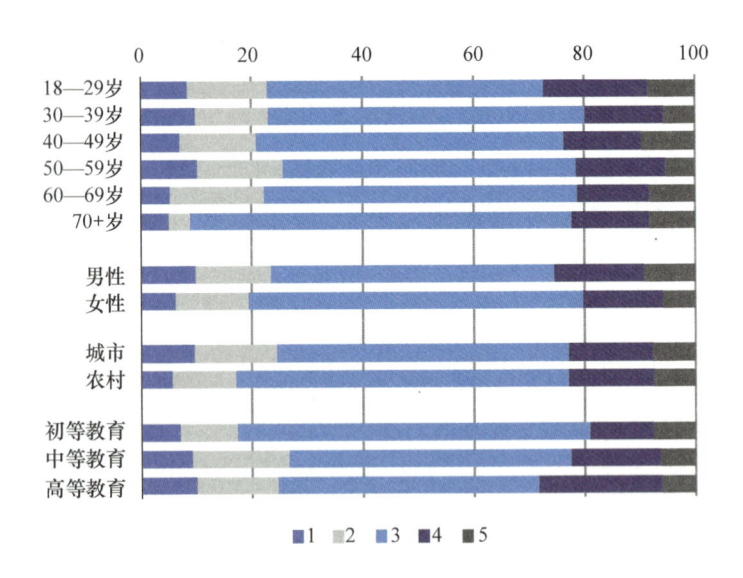

图33 如何看待未来5年旨在加强中国与贵国之间贸易和经济关系的"一带一路"倡议可能产生的影响？

1—完全没有影响 5—非常富有成效（答案分布,%）

资料来源：中国—中东欧研究院2018年秋季调查问卷。

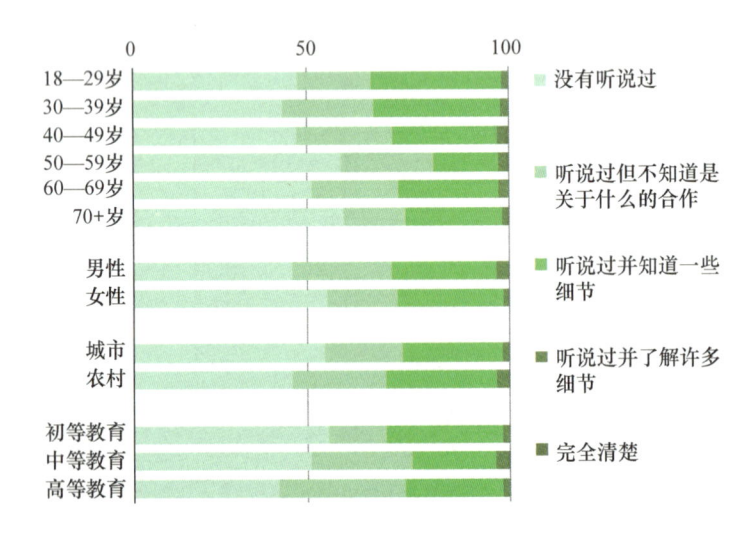

图34 你是否听说过中国与贵国参与的中国—中东欧国家（"16＋1"）合作？（答案分布,%）

资料来源：中国—中东欧研究院2018年秋季调查问卷。

四 保加利亚

保加利亚居民对过去两年中国经济发展的评估结果转换为-100至+100的数值,数值为+68,表明他们认为中国的经济发展非常快,比2017年(+57)的数值高,而且比中东欧16国的平均值高(+43),处于中东欧16国的第一位。按年龄组划分——40—54岁和55—69岁,按地区——其他城镇,按教育程度划分——受过高等教育人员的数值高于保加利亚的平均水平。

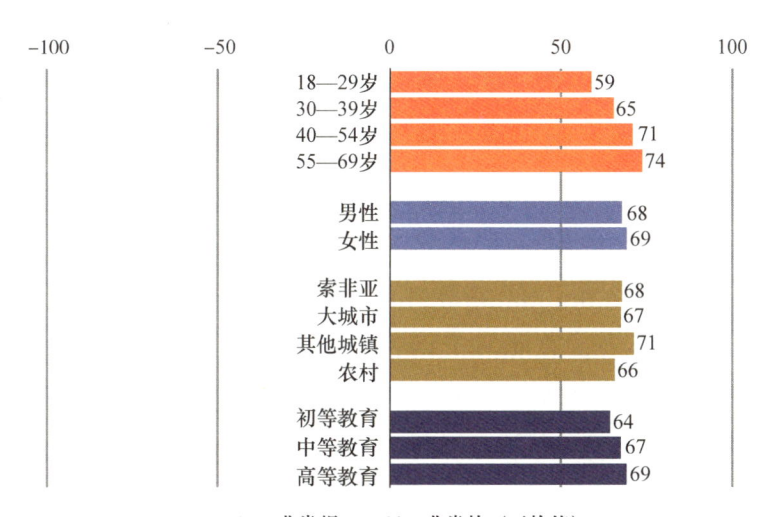

18—29岁	59
30—39岁	65
40—54岁	71
55—69岁	74
男性	68
女性	69
索非亚	68
大城市	67
其他城镇	71
农村	66
初等教育	64
中等教育	67
高等教育	69

-100—非常慢 +100—非常快(平均值)

下篇　国家报告

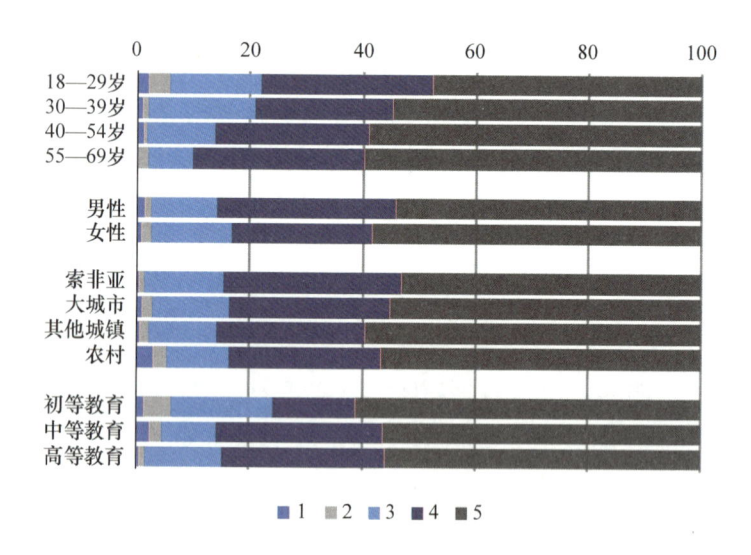

图35　你如何评价过去两年中国的经济发展？

1—非常慢　5—非常快（答案分布,%）

资料来源：中国—中东欧研究院2018年秋季调查问卷。

保加利亚居民认为，过去5年，中国在世界上的重要性有很大改善（+68），高于2017年的数值（+53），也高于中东欧16国的平均水平（+45），处于中东欧16国的第一位。按年龄组划分——40—54岁和55—69岁，按性别——男性，按地区——大城市和其他城镇的数值最高，高于保加利亚的平均水平。

保加利亚的居民评估中国与保加利亚之间的关系，转换为－100至+100的数值，数值为+15，表示略为紧密，比2017年的数值（+12）稍高，也高于中东欧16国的平均值（+3），处于中东欧16国的第四位。按年龄组划分——18—29岁和40—54岁，按地区——居住在首都和其他大城市，按受教育程度划分——受过高等教育人员的数值高于保加利亚的平均水平。

四　保加利亚

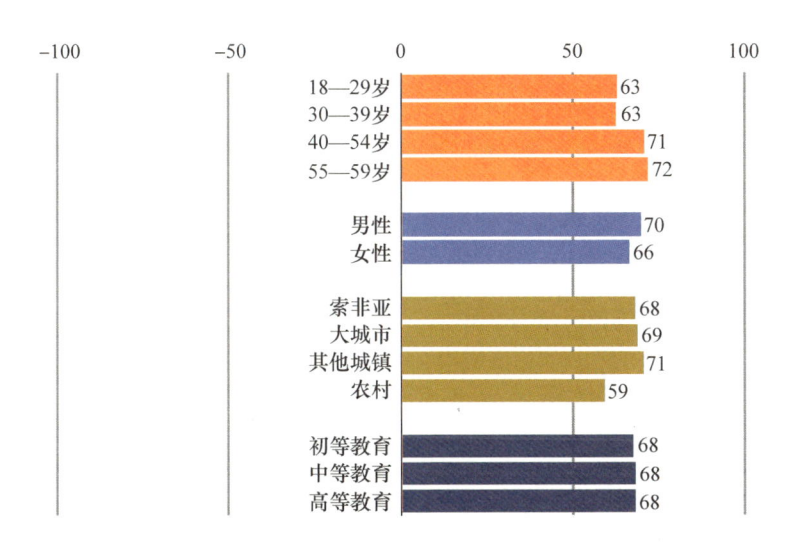

	数值
18—29岁	63
30—39岁	63
40—54岁	71
55—59岁	72
男性	70
女性	66
索非亚	68
大城市	69
其他城镇	71
农村	59
初等教育	68
中等教育	68
高等教育	68

−100—严重恶化　＋100—改善非常显著（平均值）

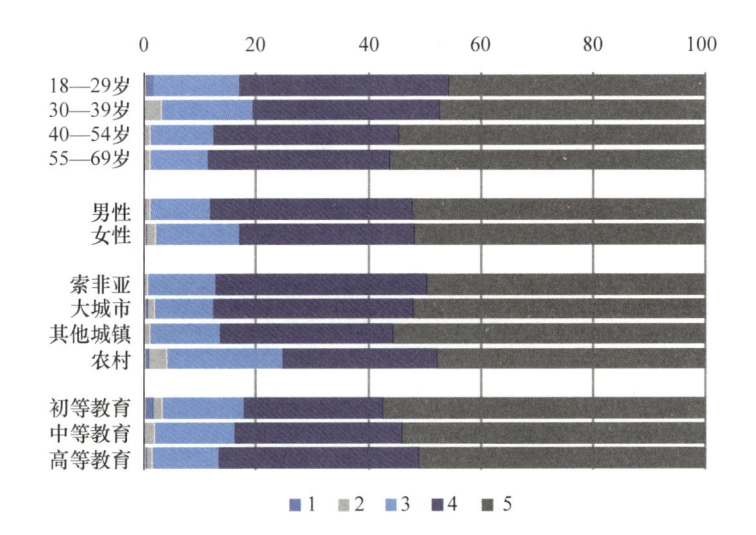

图 36　你如何评价中国最近 5 年在世界上重要性的变化？

1—严重恶化　5—改善非常显著（答案分布,%）

资料来源：中国—中东欧研究院 2018 年秋季调查问卷。

保加利亚居民认为，旨在加强中国与保加利亚贸易和经济关系的"一带一路"倡议未来 5 年可能产生积极的影响，其数值为

+37，比2017年更为积极（+22）。该数值还高于中东欧16国的平均值（+16），处于中东欧16国第二位。按年龄组划分——40—54岁和55—69岁，按性别划分——男性，按城镇划分——居住在索非亚的人群高于保加利亚平均水平。

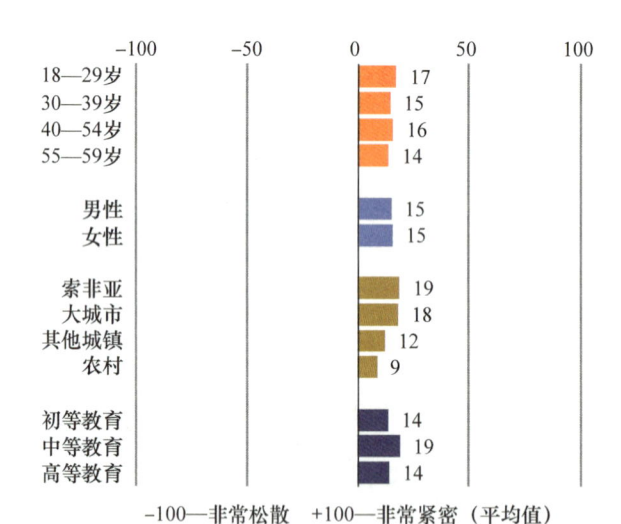

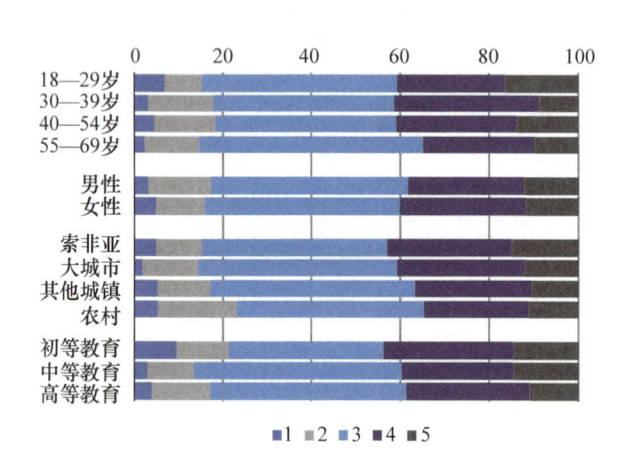

图37 你认为中国与保加利亚之间的关系有多紧密？

1—非常松散　5—非常紧密（答案分布,%）

资料来源：中国—中东欧研究院2018年秋季调查问卷。

四 保加利亚

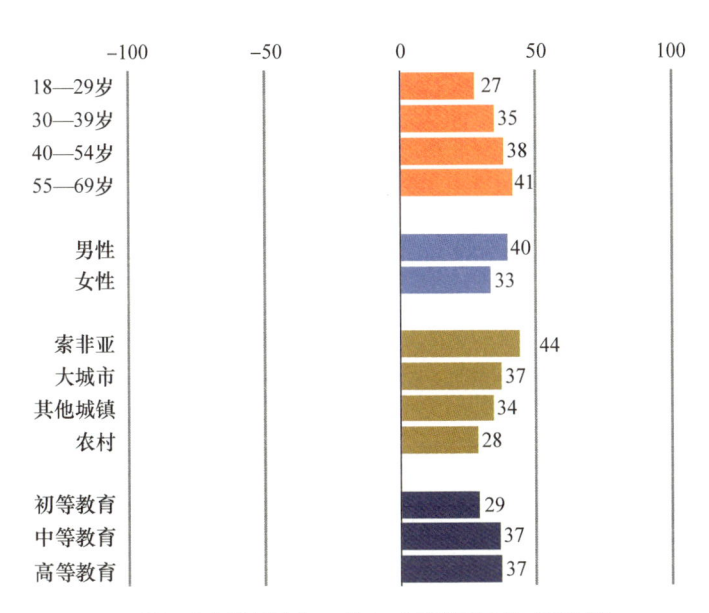

	数值
18—29岁	27
30—39岁	35
40—54岁	38
55—69岁	41
男性	40
女性	33
索非亚	44
大城市	37
其他城镇	34
农村	28
初等教育	29
中等教育	37
高等教育	37

–100—完全没有影响 +100—非常富有成效（平均值）

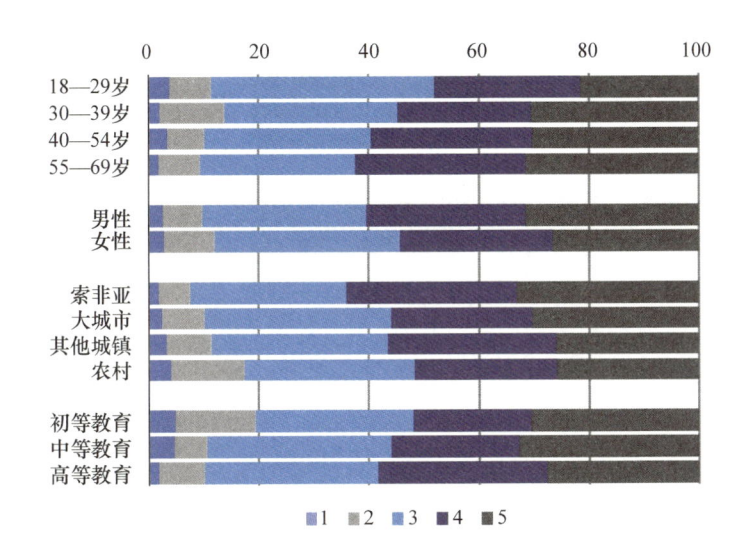

图38 如何看待未来5年旨在加强中国与贵国之间贸易和经济关系的"一带一路"倡议可能产生的影响？

1—完全没影响 5—非常富有成效（答案分布,%）

资料来源：中国—中东欧研究院2018年秋季调查问卷。

16%的保加利亚人没有听说过中国与包括保加利亚在内的中东欧国家（"16 + 1"）之间的合作。另外84%（这部分按100%计算）的人群中，61%的人已经听说过这个合作，但不知道具体是什么，而30%的人知道一些细节，7%的人知道很多细节，2%的人表明他/她完全清楚该细节。

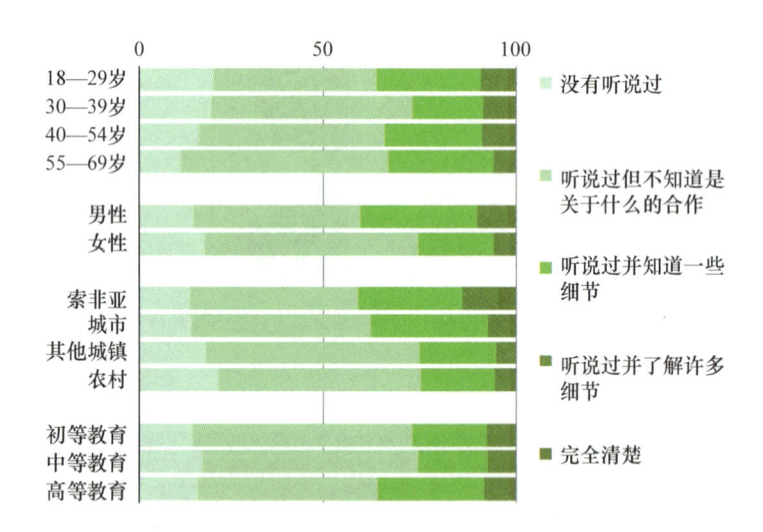

图39 你是否听说过中国与贵国参与的中国—中东欧国家（"16 + 1"）合作？（答案分布,%）

资料来源：中国—中东欧研究院2018年秋季调查问卷。

五　克罗地亚

克罗地亚居民对过去两年中国经济发展的评估结果转换为－100至＋100的数值为＋39，比2017年的数值（＋40）略低，也低于中东欧16国的平均水平（＋43），处于中东欧16国第8位。按年龄组划分——18—29岁和65岁以上，按性别划分——男性，按受教育程度划分——受过中等和高等教育人员的数值高于克罗地亚的平均水平。

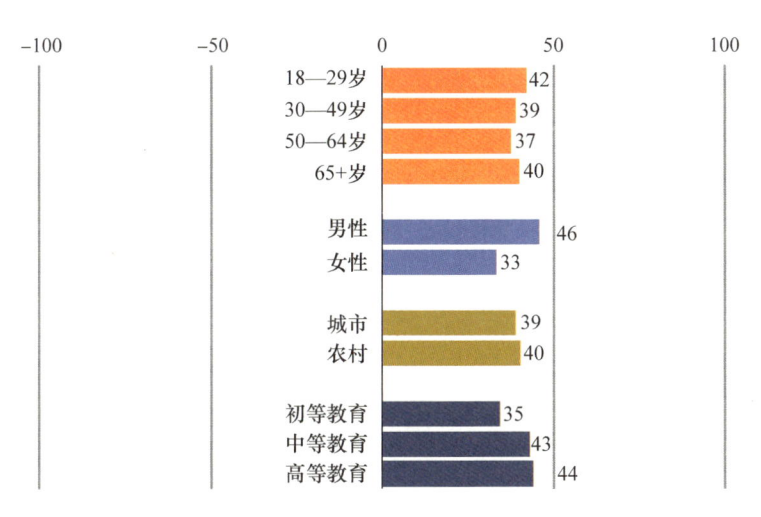

18—29岁	42
30—49岁	39
50—64岁	37
65+岁	40
男性	46
女性	33
城市	39
农村	40
初等教育	35
中等教育	43
高等教育	44

－100—非常慢　＋100—非常快（平均值）

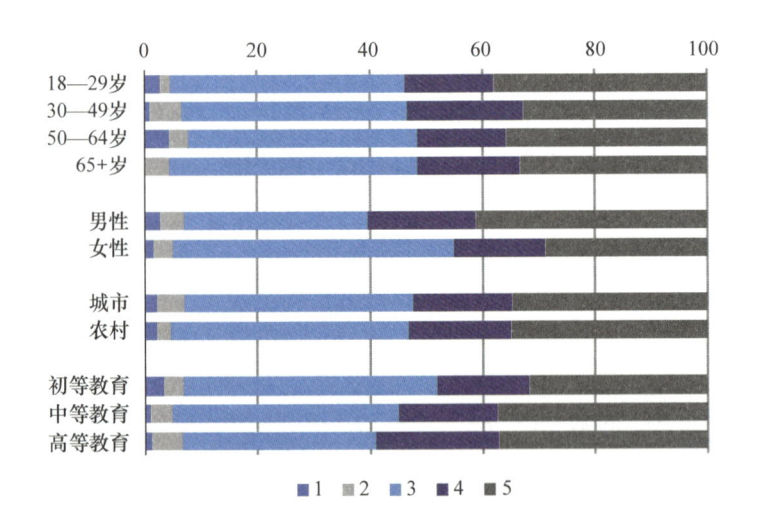

图 40　你如何评价过去两年中国的经济发展？

1—非常慢　5—非常快（答案分布,%）

资料来源：中国—中东欧研究院 2018 年秋季调查问卷。

根据克罗地亚居民的回答，过去 5 年中国在世界上的重要性有所改善（+42），该数值低于 2017 年（为 +43），低于中东欧 16 国的平均值（+45），处于中东欧 16 国的第 9 位。按年龄组划分——50—64 岁和 65 岁以上，按性别划分——男性，按受教育程度划分——受过中等和高等教育人员的数值高于克罗地亚的平均水平。

克罗地亚居民评估中国与克罗地亚之间的关系时，其结果转换为在 -100 至 +100 的数值表现为中性（0），比 2017 年的数值（-15）要高，表明两国关系更加紧密。但该数值低于中东欧 16 国的平均值（+3），在中东欧 16 国排名第 10 位。按年龄组划分——50—64 岁和 65 岁以上，按性别划分——女性，按教育程度划分——受过初等教育人员数值高于克罗地亚的平均水平。

五 克罗地亚

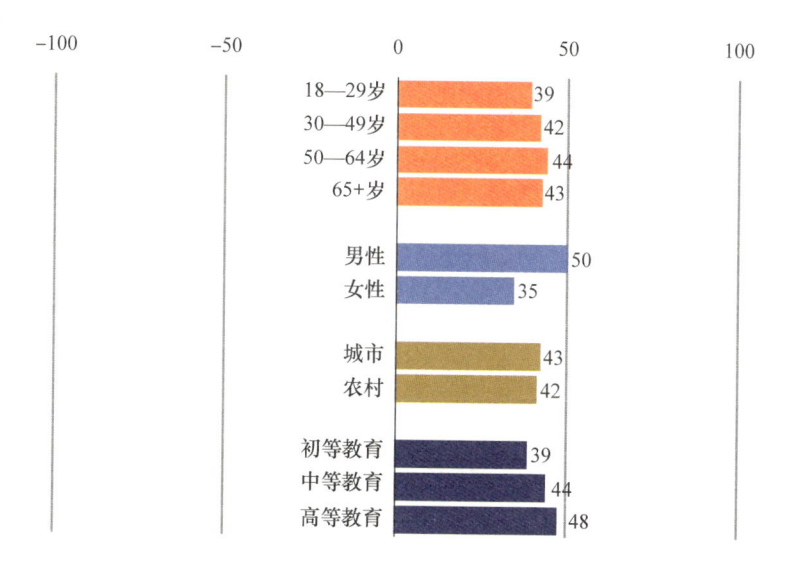

−100—严重恶化　+100—改善非常显著（平均值）

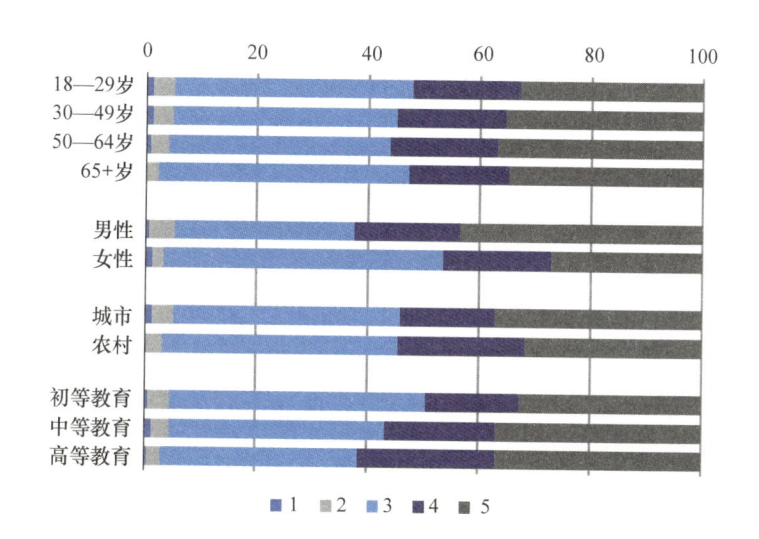

	值
18—29岁	39
30—49岁	42
50—64岁	44
65+岁	43
男性	50
女性	35
城市	43
农村	42
初等教育	39
中等教育	44
高等教育	48

■1　■2　■3　■4　■5

图41　你如何评价中国最近5年在世界上重要性的变化？

1—严重恶化　5—改善非常显著（答案分布,%）

资料来源：中国—中东欧研究院2018年秋季调查问卷。

下篇　国家报告

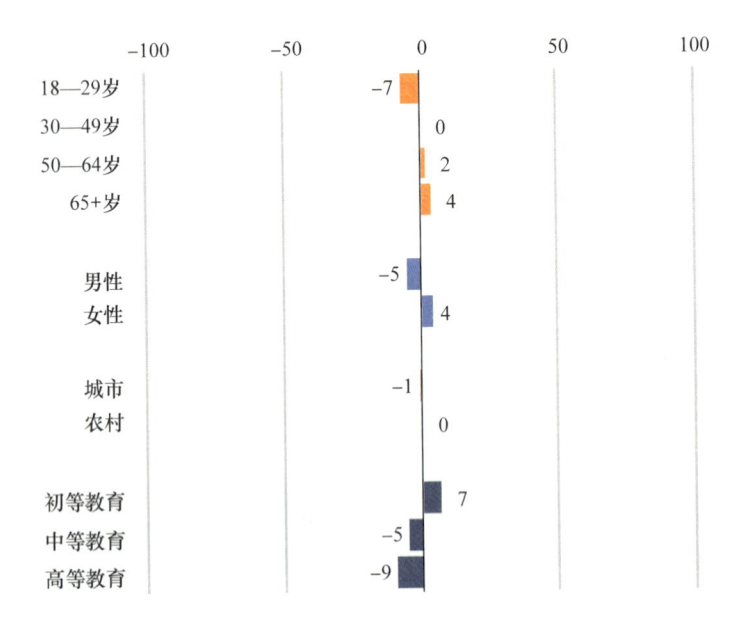

	数值
18—29岁	-7
30—49岁	0
50—64岁	2
65+岁	4
男性	-5
女性	4
城市	-1
农村	0
初等教育	7
中等教育	-5
高等教育	-9

−100—非常松散　+100—非常紧密（平均值）

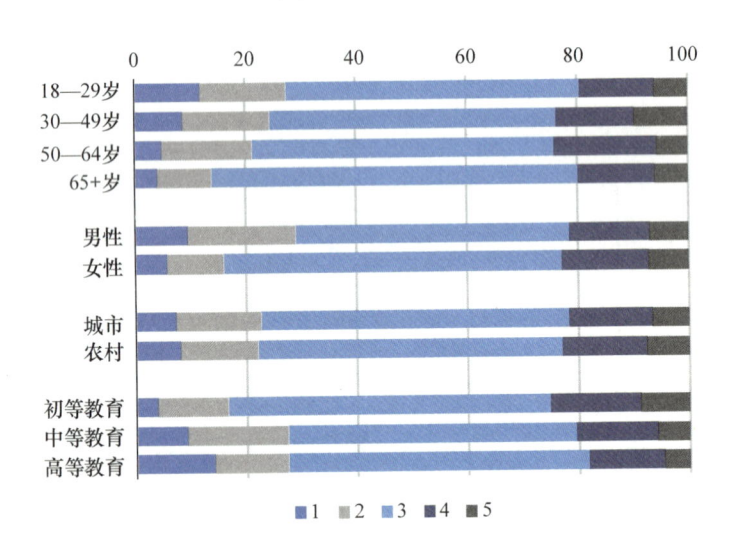

图42　你认为中国与克罗地亚之间的关系有多紧密？

1—非常松散　5—非常紧密（答案分布,%）

资料来源：中国—中东欧研究院2018年秋季调查问卷。

五 克罗地亚

在评价旨在加强中国与克罗地亚之间贸易和经济关系的"一带一路"倡议在未来5年可能产生的影响时,结果转换为-100至+100的数值,为中性(0),高于2017年数值(-4)。另一方面,该数值低于中东欧16国的平均值(+16),处于中东欧16国第15位。按年龄组划分——30—49岁,按受教育程度划分——受过高等教育人员的数值高于克罗地亚的平均水平。

60%的克罗地亚人没有听说过中国与包括克罗地亚在内的中东欧国家("16＋1")之间的合作。另外40%的人中(这部分按100%计算),53%的人已经听说过该项合作,但不知道具体是什么,而38%的人知道一些细节,5%的人知道很多细节,而5%的人表示他/她完全清楚。

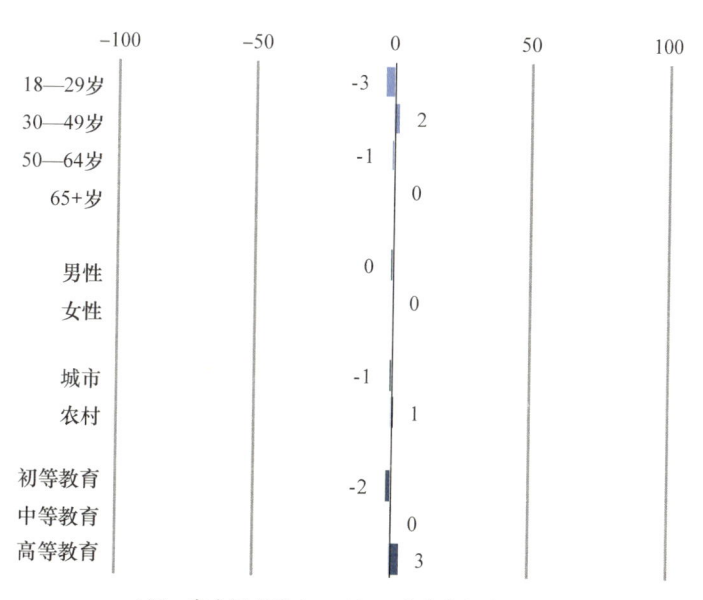

	数值
18—29岁	-3
30—49岁	2
50—64岁	-1
65+岁	0
男性	0
女性	0
城市	-1
农村	1
初等教育	-2
中等教育	0
高等教育	3

-100—完全没有影响　+100—非常富有成效(平均值)

下篇 国家报告

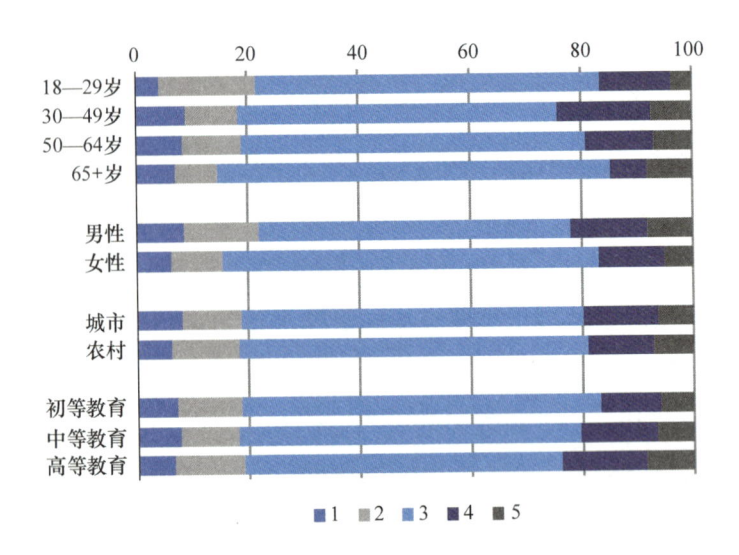

图43 如何看待未来5年旨在加强中国与贵国之间贸易和经济关系的"一带一路"倡议可能产生的影响?

1—完全没有影响 5—非常富有成效(答案分布,%)

资料来源：中国—中东欧研究院2018年秋季调查问卷。

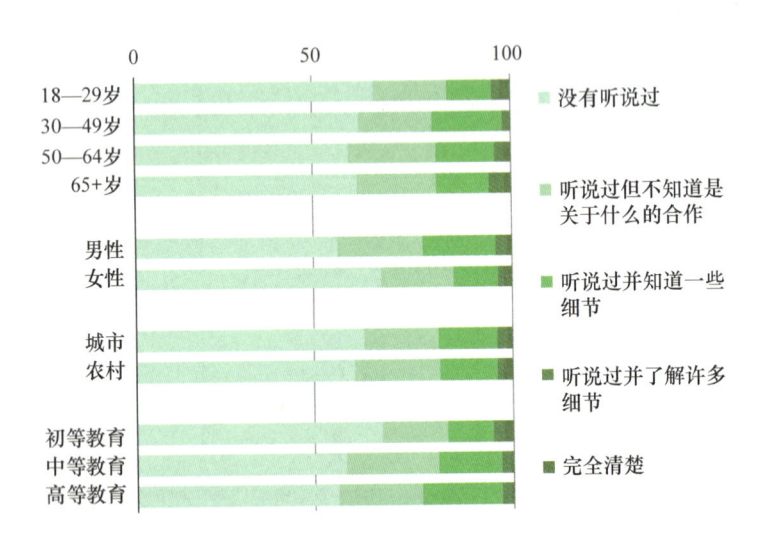

图44 你是否听说过中国与贵国参与的中国—中东欧国家("16+1")合作?(答案分布,%)

资料来源：中国—中东欧研究院2018年秋季调查问卷。

六 捷克

捷克的居民对过去两年中国经济发展的评估结果转换为 -100 至 +100 的数值为 +41，表明他们认为中国经济发展为快速，该数值比 2017 年（+34）要高，但比中东欧 16 国的平均水平（+43）低，处于中东欧 16 国排列第 7 位。按年龄组划分——55—69 岁，按性别划分——男性，按地区划分——大城市和其他城镇的居民，按教育程度划分——受过中等教育人员的数值高于捷克平均水平。

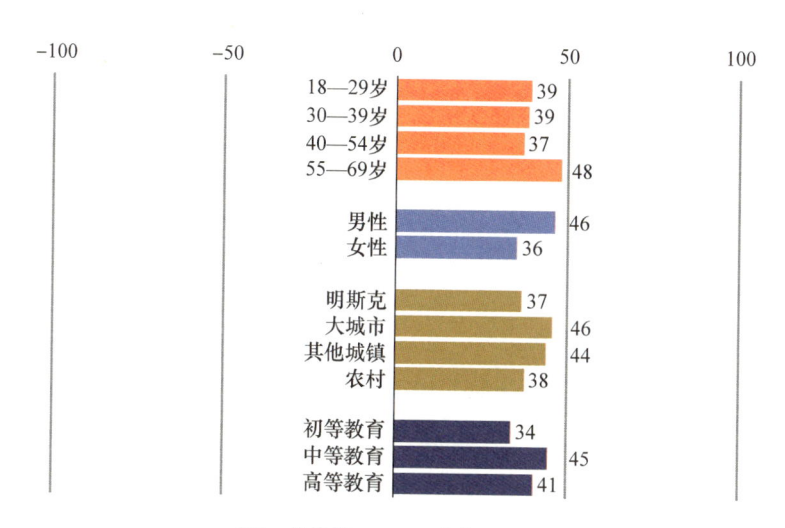

18—29岁	39
30—39岁	39
40—54岁	37
55—69岁	48
男性	46
女性	36
明斯克	37
大城市	46
其他城镇	44
农村	38
初等教育	34
中等教育	45
高等教育	41

-100—非常慢　+100—非常快（平均值）

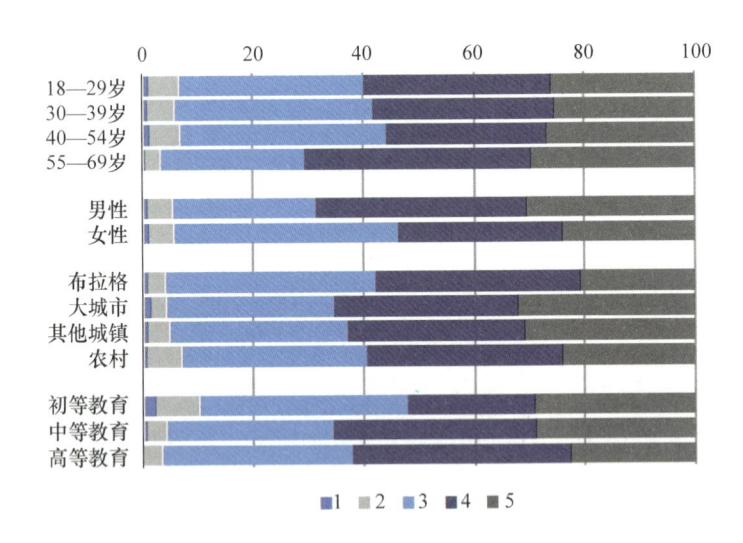

图 45 你如何评价过去两年中国的经济发展？

1—非常慢　5—非常快（答案分布,%）

资料来源：中国—中东欧研究院 2018 年秋季调查问卷。

根据捷克人的观点，在过去 5 年中，中国在世界上的重要性有所改善，数值为 +37，比 2017 年（+36）的数值稍高，但低于中东欧 16 国的平均值（+45），处于中东欧 16 国第 11 位。按年龄组划分——55—69 岁，按性别划分——男性，按地区划分——大城市和其他城镇居民，按教育程度划分——受过中等及高等教育人员的数值高于捷克平均值。

捷克居民评估中国与捷克之间的关系，其结果转换为 -100 至 +100 的数值，为 +4，表明两国关系较紧密，该数值比 2017 年（+5）略低，但略高于中东欧 16 国的平均值（+3），处于中东欧 16 国第 6 位。按年龄组划分——30—39 岁，按地区划分——大城市和其他城镇居民，按受教育程度划分——受过初等和高等教育人员的数值高于捷克的平均水平。

六 捷克

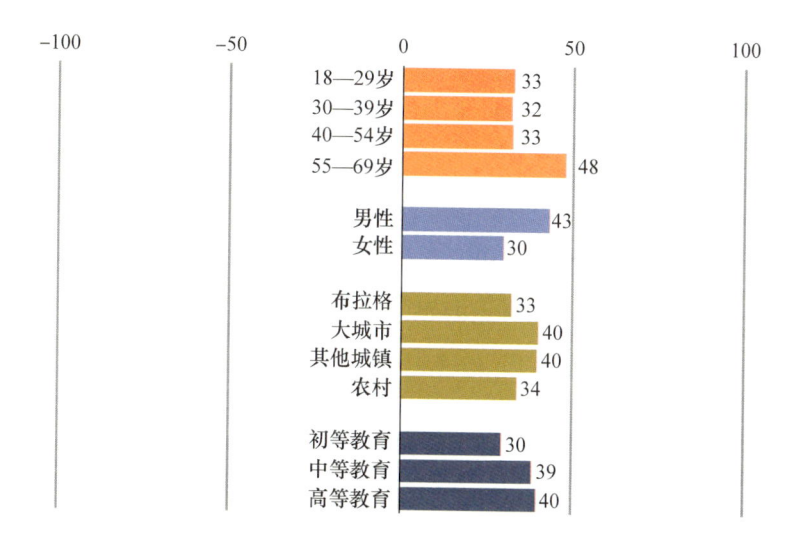

18—29岁	33
30—39岁	32
40—54岁	33
55—69岁	48
男性	43
女性	30
布拉格	33
大城市	40
其他城镇	40
农村	34
初等教育	30
中等教育	39
高等教育	40

-100—严重恶化　+100—改善非常显著（平均值）

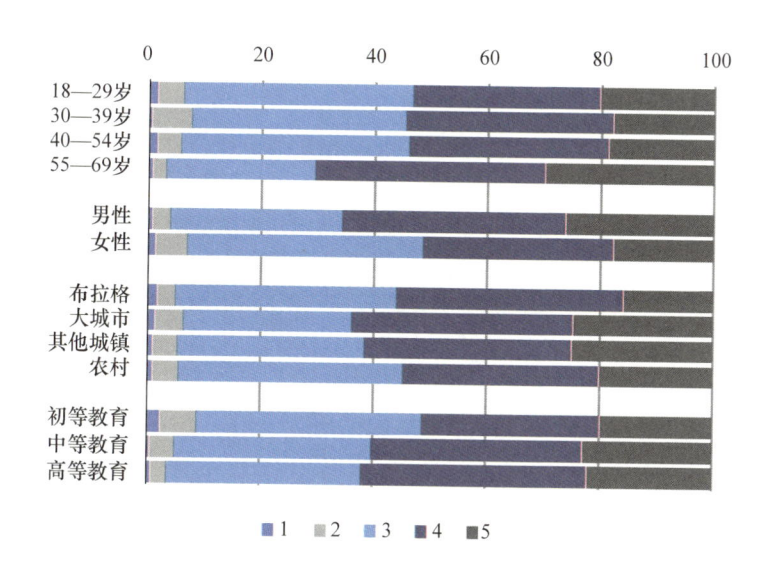

图46　你如何评价中国最近5年在世界上重要性的变化？

1—严重恶化　5—改善非常显著（答案分布,%）

资料来源：中国—中东欧研究院2018年秋季调查问卷。

捷克居民对旨在加强中国与捷克之间贸易和经济关系的"一

下篇 国家报告

带一路"倡议在未来5年可能产生的影响的评估结果转化为-100至+100的数值为+10,略低于2017年(+11),也低于中东欧16国的平均值(+16),处于中东欧16国第10位。按年龄组划分——30—39岁和55—69岁,按性别划分——男性,按地区划分——布拉格和其他城镇居民,按教育程度划分——受过中等和高等教育人员的数值高于捷克的平均水平。

39%的捷克人没有听说过中国与包括捷克在内的中东欧国家("16+1")之间的合作,另外61%的人(这部分按100%计算)中,69%的人表示已经听说过该项合作,但不知道具体是什么,而27%的人知道一些细节,3%的人知道很多细节,只有1%的人表示他/她完全清楚。

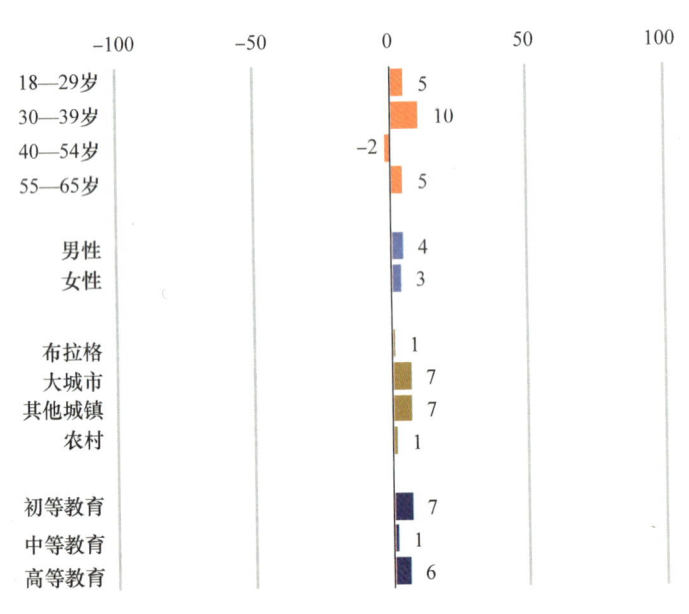

	数值
18—29岁	5
30—39岁	10
40—54岁	-2
55—65岁	5
男性	4
女性	3
布拉格	1
大城市	7
其他城镇	7
农村	1
初等教育	7
中等教育	1
高等教育	6

-100—非常松散　+100—非常紧密(平均值)

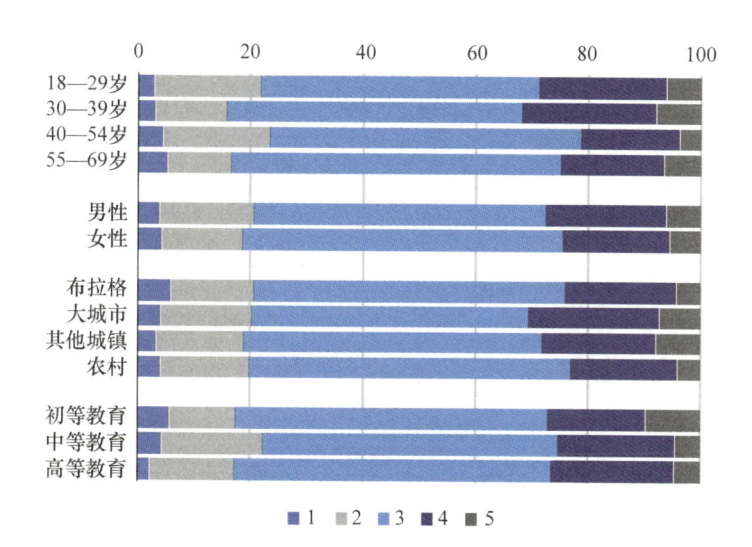

六 捷克

图47 你认为中国与捷克之间的关系有多紧密?

1—非常松散　5—非常紧密（答案分布,%）

资料来源：中国—中东欧研究院2018年秋季调查问卷。

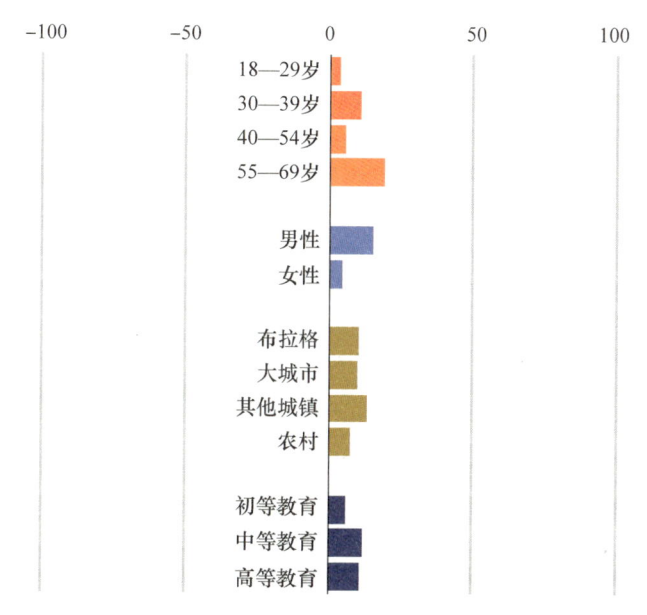

−100—完全没有影响　+100—非常富有成效（平均值）

下篇 国家报告

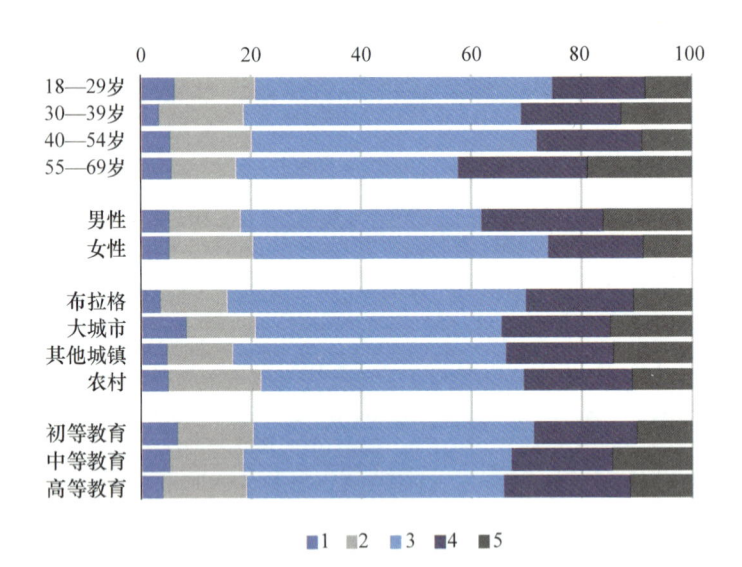

图48 如何看待未来5年旨在加强中国与贵国之间贸易和经济关系的"一带一路"倡议可能产生的影响?

1—完全没有影响 5—非常富有成效（答案分布,%）

资料来源：中国—中东欧研究院2018年秋季调查问卷。

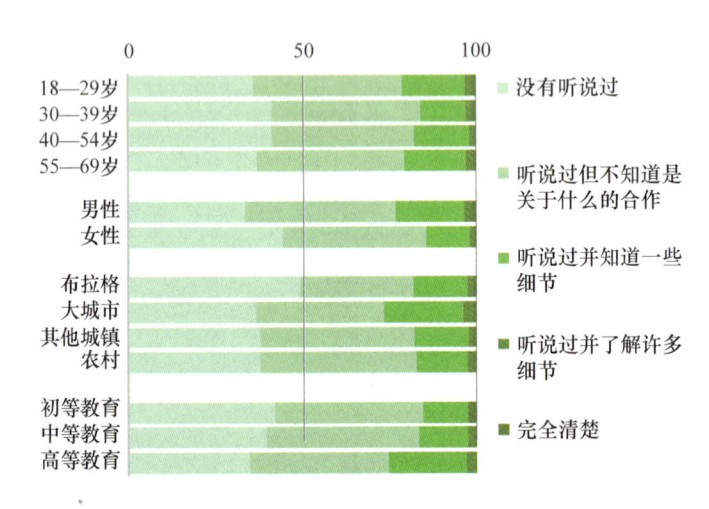

图49 你是否听说过中国与贵国参与的中国—中东欧国家（"16+1"）合作？（答案分布,%）

资料来源：中国—中东欧研究院2018年秋季调查问卷。

七 爱沙尼亚

爱沙尼亚居民对过去两年中国经济发展的评估结果转换为-100至+100的数值,为+33,表示中国经济发展快速,但该数值不如2017年(+41)高,并且比中东欧16国的平均值(+43)低,处于中东欧16国第14位。按年龄组划分——25—34岁、35—49岁和65—74岁,按性别划分——男性,按地区划分——大城市和塔林的居民,按教育程度划分——受过中等及高等教育的人员数值在爱沙尼亚平均水平以上。

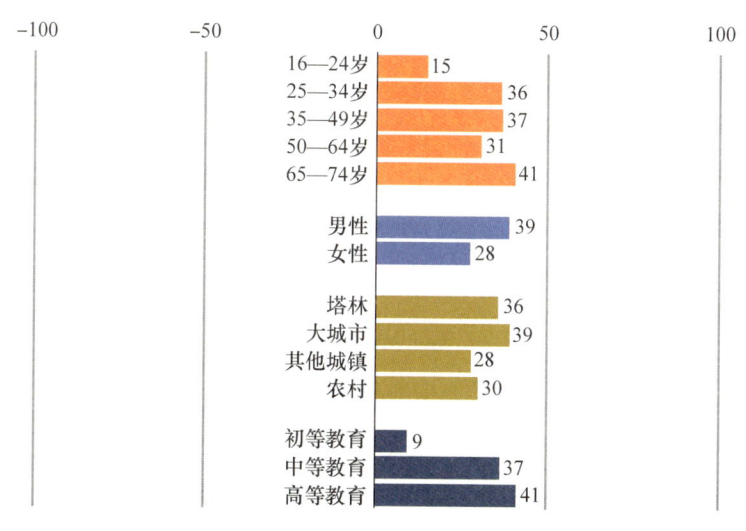

16—24岁	15
25—34岁	36
35—49岁	37
50—64岁	31
65—74岁	41
男性	39
女性	28
塔林	36
大城市	39
其他城镇	28
农村	30
初等教育	9
中等教育	37
高等教育	41

-100—非常慢 +100—非常快(平均值)

下篇　国家报告

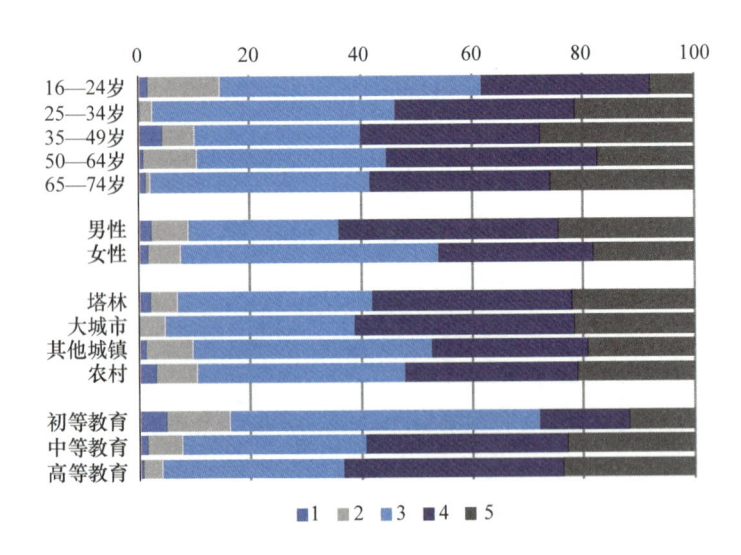

图 50　你如何评价过去两年中国的经济发展？

1—非常慢　5—非常快（答案分布,%）

资料来源：中国—中东欧研究院 2018 年秋季调查问卷。

根据爱沙尼亚人的看法，在过去 5 年，中国在世界上的重要性有所改善，该数值（+40）低于 2017 年的调查（+47），也低于中东欧 16 国的平均值（+45），处于中东欧 16 国第 10 位。按年龄组划分——35—49 岁和 65—74 岁，按性别划分——男性，按地区划分——大城市和塔林的居民，按教育程度划分——受过中等和高等教育人员的数值高于爱沙尼亚平均水平。

爱沙尼亚居民评估中国与爱沙尼亚之间关系的结果转换为 -100 至 +100 的数值，为 -27，表明两国关系松散，该数值比 2017 年（-20）的数值低，同时低于中东欧 16 国的平均值（+3），处于中东欧 16 国的最后一位。按年龄划分——50—64 岁和 65—74 岁，按性别划分——男性，按地区划分——大城市和塔林的居民，按教育程度划分——受过中等教育和高等教育人员的数值低于爱沙尼亚平均水平。

七　爱沙尼亚

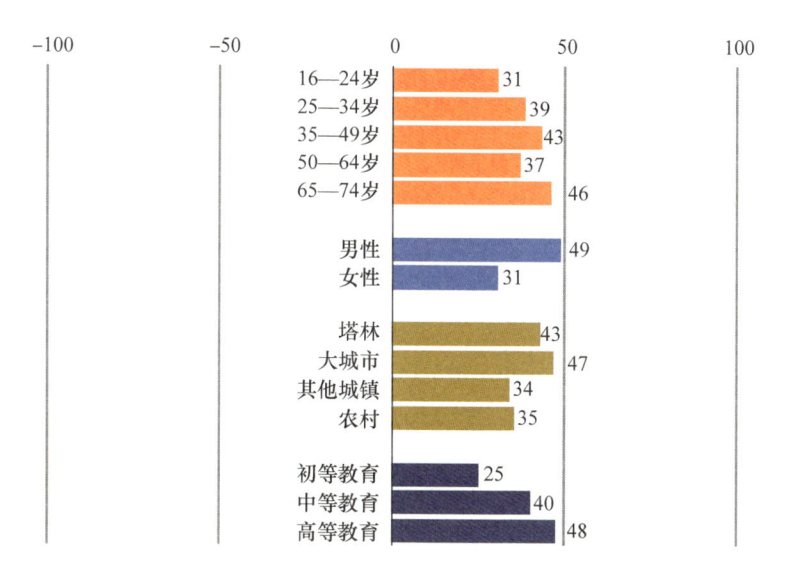

	数值
16—24岁	31
25—34岁	39
35—49岁	43
50—64岁	37
65—74岁	46
男性	49
女性	31
塔林	43
大城市	47
其他城镇	34
农村	35
初等教育	25
中等教育	40
高等教育	48

−100—严重恶化　+100—改善非常显著（平均值）

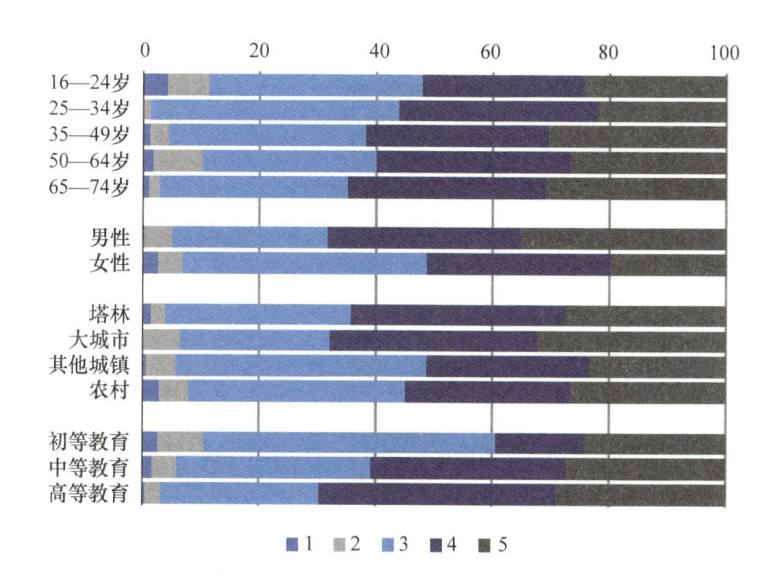

图51　你如何评价中国最近5年在世界上重要性的变化？

1—严重恶化　5—改善非常显著（答案分布,%）

资料来源：中国—中东欧研究院2018年秋季调查问卷。

爱沙尼亚人认为，旨在加强中国与爱沙尼亚之间贸易和经济关系的"一带一路"倡议在未来5年可能会产生的影响略微负面（-8），该数值比2017年（-5）差，更低于中东欧16国的平均值（+16），处于中东欧16国最后一位。按年龄组划分——35—49岁和50—64岁，按性别划分——男性，按地区划分——居住在其他城镇和塔林的居民，按教育程度划分——受过中等和高等教育人员的数值在爱沙尼亚的平均水平之下。

66%的爱沙尼亚人没有听说过中国与包括爱沙尼亚在内的中东欧国家（"16＋1"）之间的合作。另外34%的人（这部分按100%计算）中，81%的人已经听说过此项合作，但不知道具体是什么，而17%的人知道一些细节，1%的人知道很多细节，1%的人表示他/她完全清楚。

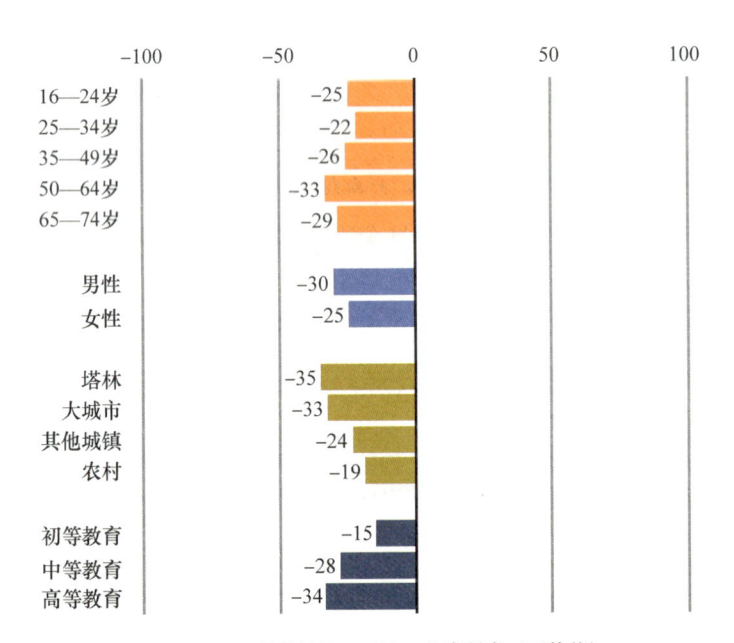

16—24岁	-25
25—34岁	-22
35—49岁	-26
50—64岁	-33
65—74岁	-29
男性	-30
女性	-25
塔林	-35
大城市	-33
其他城镇	-24
农村	-19
初等教育	-15
中等教育	-28
高等教育	-34

-100—非常松散 +100—非常紧密（平均值）

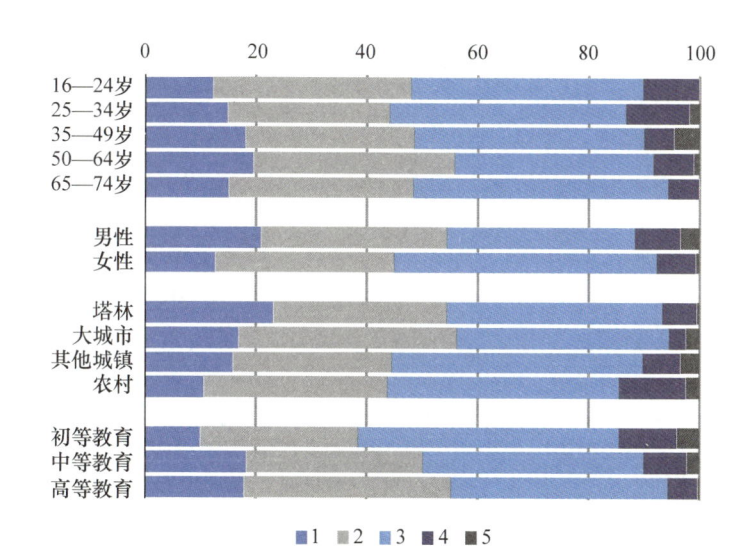

七 爱沙尼亚

图 52 你认为中国与爱沙尼亚之间的关系有多紧密？

1—非常松散 5—非常紧密（答案分布,%）

资料来源：中国—中东欧研究院 2018 年秋季调查问卷。

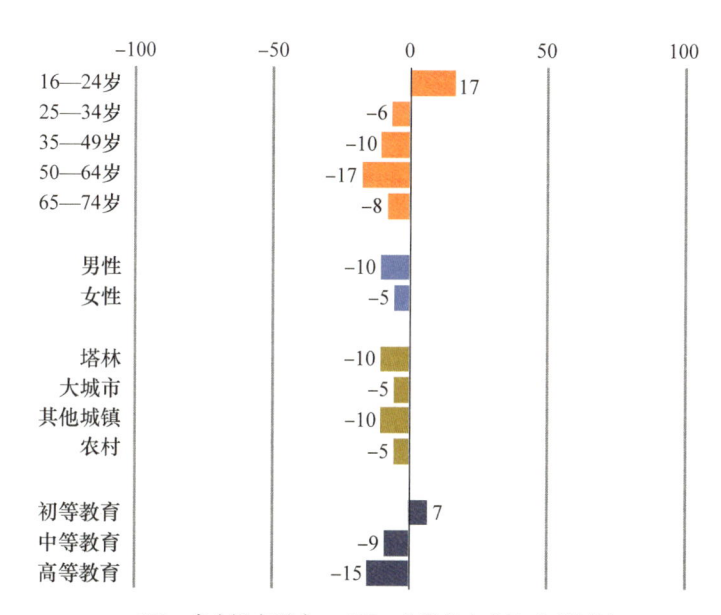

-100—完全没有影响 +100—非常富有成效（平均值）

下篇 国家报告

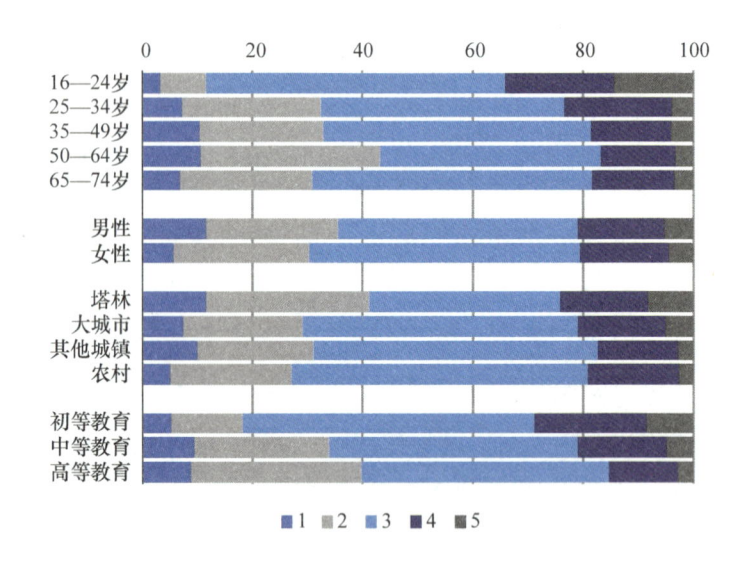

图53 如何看待未来5年旨在加强中国与贵国之间贸易和经济关系的"一带一路"倡议可能产生的影响?

1—完全没有影响 5—非常富有成效（答案分布,%）

资料来源：中国—中东欧研究院2018年秋季调查问卷。

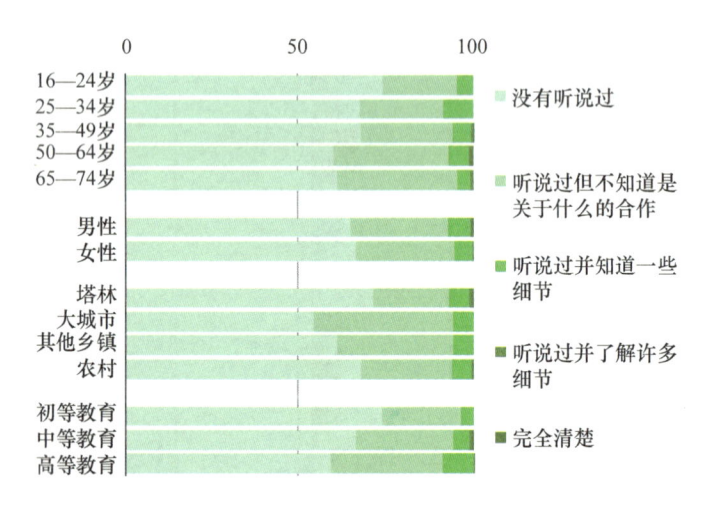

图54 你是否听说过中国与贵国参与的中国—中东欧国家（"16 + 1"）合作?（答案分布,%）

资料来源：中国—中东欧研究院2018年秋季调查问卷。

八　希　腊

希腊居民对过去两年中国经济发展的评价（转换为 -100 至 +100 的数值）为非常快（+52），比中东欧 16 国或中东欧 18 国的平均值（+43 和 +44）高出很多。按年龄组划分——30—39 岁、40—54 岁和 55—69 岁，按性别划分——男性，按地区划分——雅典，按教育程度划分——受过中等教育人员的评估数值高于希腊平均水平。

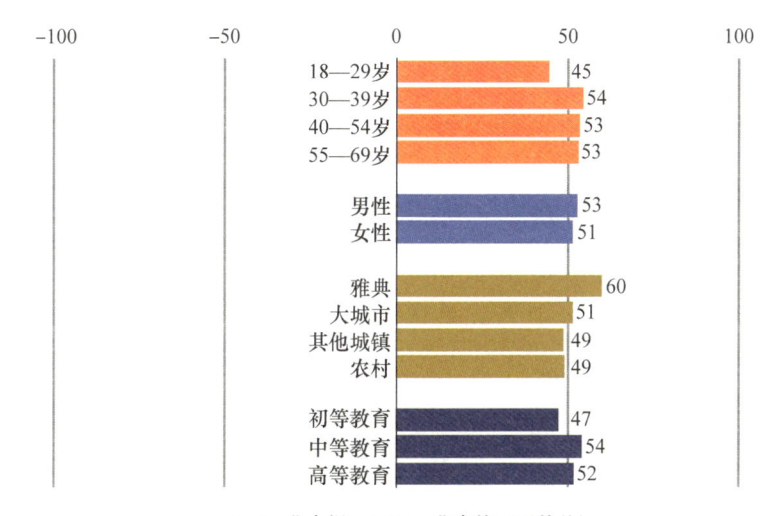

18—29岁	45
30—39岁	54
40—54岁	53
55—69岁	53
男性	53
女性	51
雅典	60
大城市	51
其他城镇	49
农村	49
初等教育	47
中等教育	54
高等教育	52

-100—非常慢　+100—非常快（平均值）

下篇　国家报告

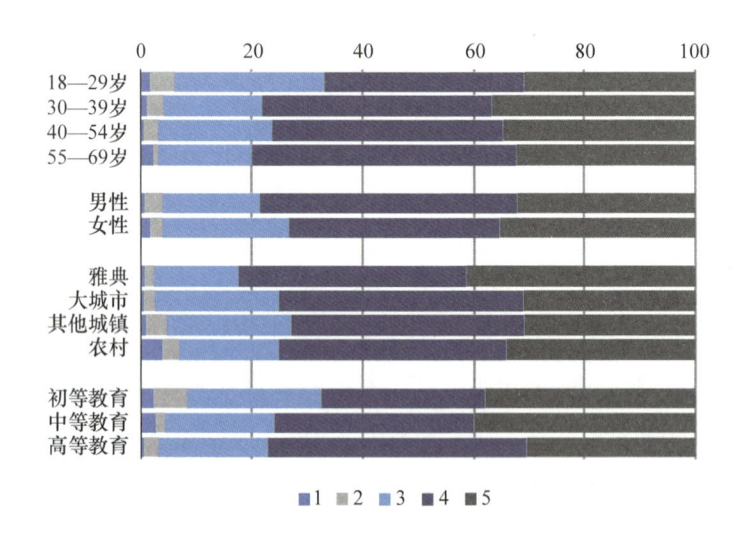

图 55　你如何评价过去两年中国的经济发展？

1—非常慢　5—非常快（答案分布,%）

资料来源：中国—中东欧研究院 2018 年秋季调查问卷。

根据希腊人的观点，过去 5 年中国在世界上的重要性有所改善（+58），该数值高于中东欧 16 国或中东欧 18 国平均值（+45 和 +47）。按年龄组划分——30—39 岁、40—54 岁和 55—69 岁，按性别划分——男性，按地区划分——雅典和其他城镇的居民，按教育程度划分——受过中等和高等教育人员的评估数值高于希腊平均值。

希腊居民评估中国与希腊之间关系（转换为 -100 至 +100 的数值）为紧密（+29），高于中东欧 16 国和中东欧 18 国的平均值（+3 和 +6）。按年龄组划分——40—54 岁和 55—69 岁，按性别划分——男性，按地区划分——雅典，按教育程度划分——受过中等教育人群的评估数值高于希腊平均水平。

八 希腊

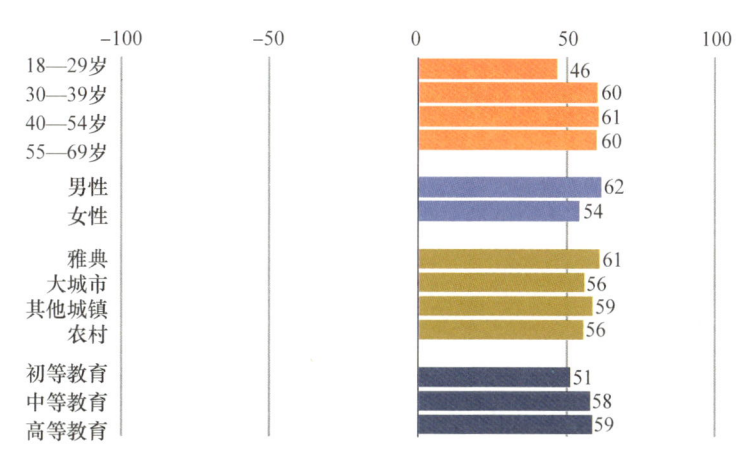

	值
18—29岁	46
30—39岁	60
40—54岁	61
55—69岁	60
男性	62
女性	54
雅典	61
大城市	56
其他城镇	59
农村	56
初等教育	51
中等教育	58
高等教育	59

−100—严重恶化　+100—改善非常显著（平均值）

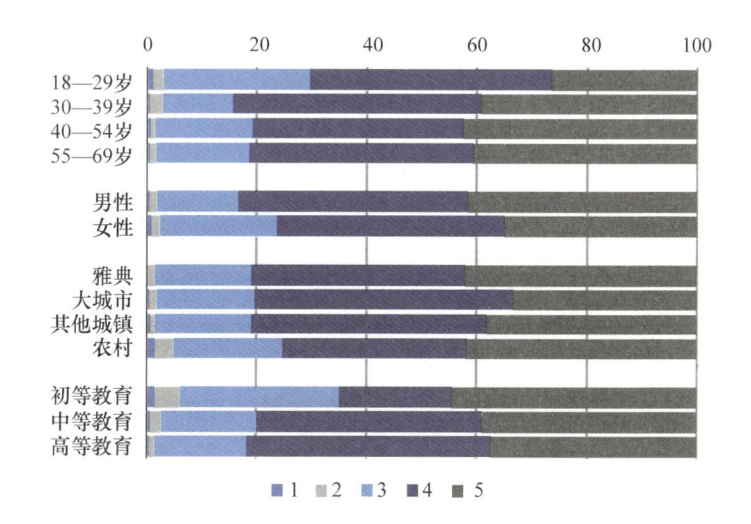

图56　你如何评价中国最近5年在世界上重要性的变化？

1—严重恶化　5—改善非常显著（答案分布,%）

资料来源：中国—中东欧研究院2018年秋季调查问卷。

下篇 国家报告

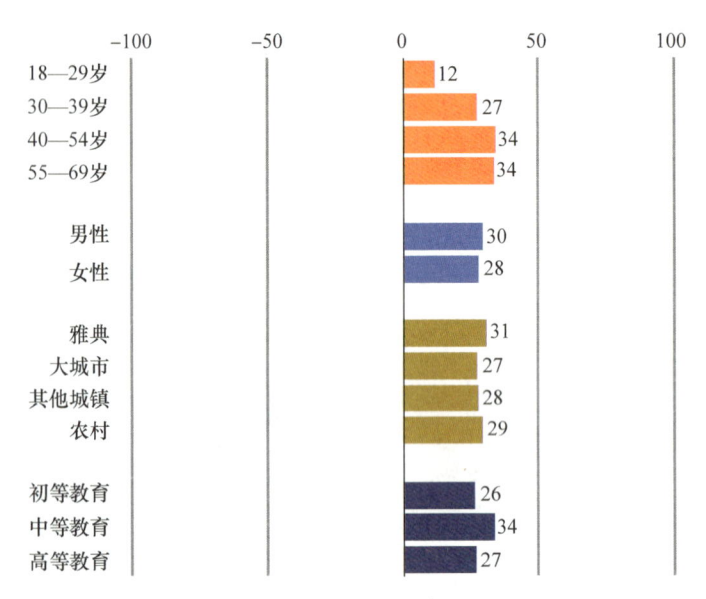

	-100	-50	0	50	100
18—29岁			12		
30—39岁			27		
40—54岁			34		
55—69岁			34		
男性			30		
女性			28		
雅典			31		
大城市			27		
其他城镇			28		
农村			29		
初等教育			26		
中等教育			34		
高等教育			27		

-100—非常松散　+100—非常紧密（平均值）

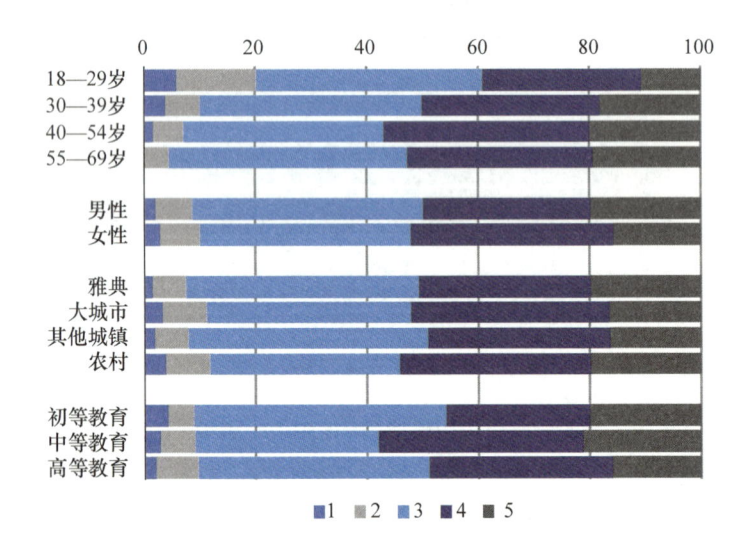

图57　你认为中国与希腊之间的关系有多紧密？

1—非常松散　5—非常紧密（答案分布,%）

资料来源：中国—中东欧研究院2018年秋季调查问卷。

八 希腊

希腊人认为，未来5年，"一带一路"倡议可能产生的影响非常积极（+41），该数值高于中东欧16国和中东欧18国平均水平（+16和+18）。按年龄组划分——40—54岁和55—69岁，按性别划分——男性，按地区划分——雅典和其他所有城市的居民，按教育程度划分——受过高等教育人员的评估数值高于希腊平均水平。

25%的希腊人没有听说过中国与中东欧国家之间的合作（"16+1"）。另外75%（这部分按100%计算）的人中，51%已经听说过此项合作，但不知道具体是什么，而40%知道一些细节，5%知道很多细节，4%表明他/她完全清楚。

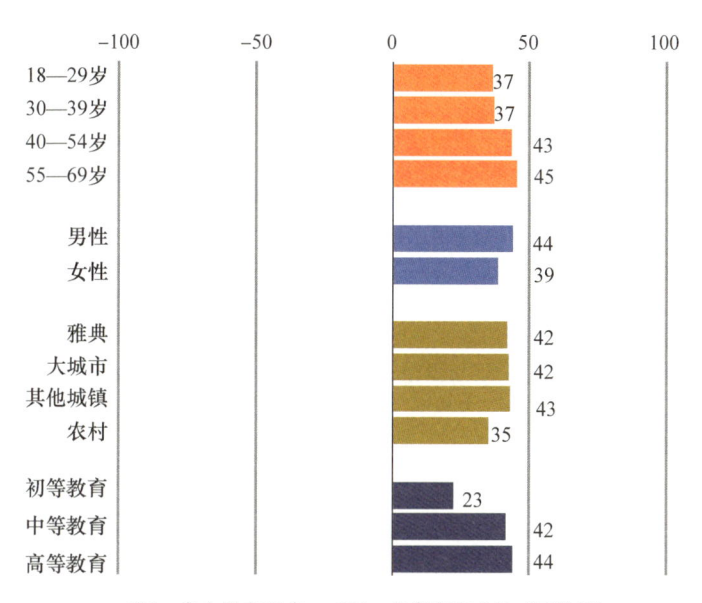

18—29岁	37
30—39岁	37
40—54岁	43
55—69岁	45
男性	44
女性	39
雅典	42
大城市	42
其他城镇	43
农村	35
初等教育	23
中等教育	42
高等教育	44

-100—完全没有影响　+100—非常富有成效（平均值）

下篇　国家报告

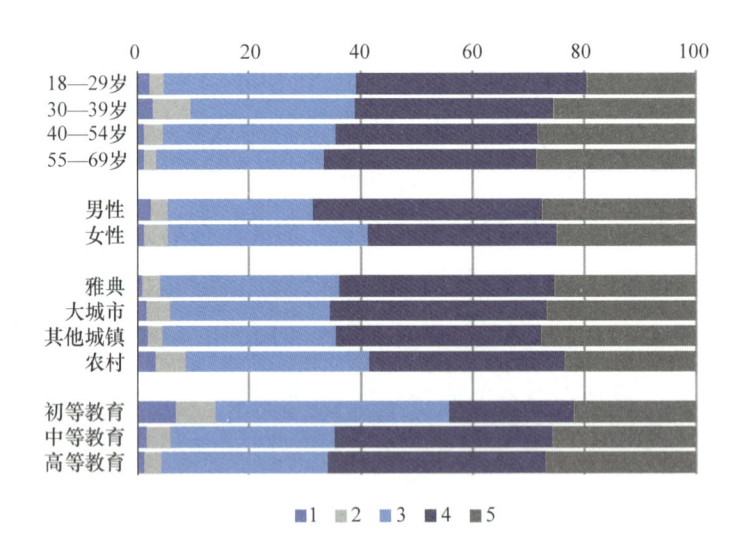

图58　如何看待未来5年旨在加强中国与贵国之间贸易和经济关系的"一带一路"倡议可能产生的影响？

1—完全没影响　5—非常富有成效（答案分布,%）

资料来源：中国—中东欧研究院2018年秋季调查问卷。

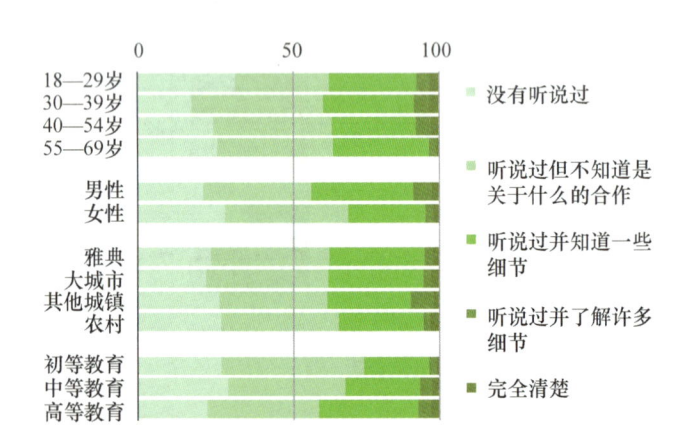

图59　你是否听说过中国与贵国参与的中国—中东欧国家（"16 + 1"）合作？（答案分布,%）

资料来源：中国—中东欧研究院2018年秋季调查问卷。

九　匈牙利

匈牙利居民对过去两年中国经济发展的评估结果转换为-100至+100的数值为+38，比2017年（+33）数值高，表明他们认为中国经济发展为快速，但这个数值比中东欧16国平均水平（+43）低，处于中东欧16个国家的第11位。按年龄组划分——40—49岁和50—59岁，按性别划分——男性，按地区划分——其他城镇的居民，按教育程度划分——受过高等教育人员的数值高于匈牙利的平均水平。

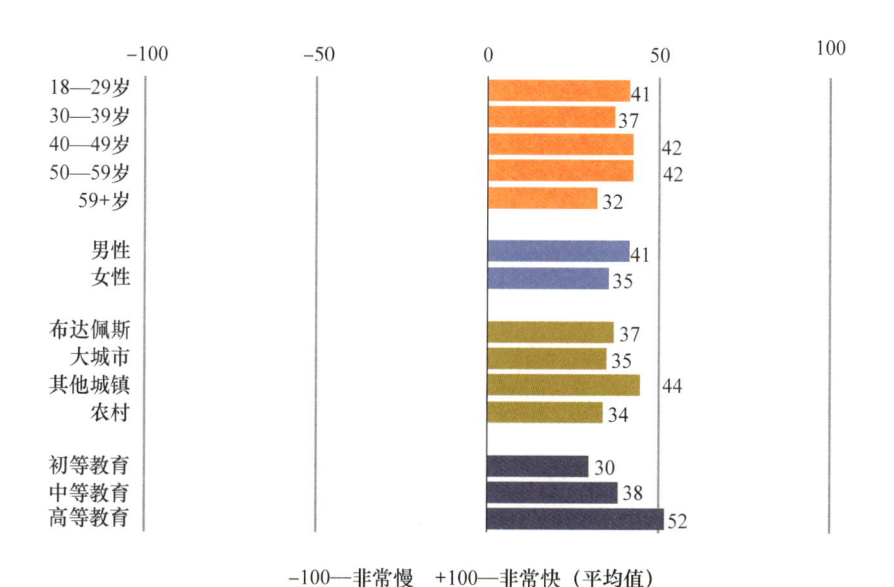

18—29岁	41
30—39岁	37
40—49岁	42
50—59岁	42
59+岁	32
男性	41
女性	35
布达佩斯	37
大城市	35
其他城镇	44
农村	34
初等教育	30
中等教育	38
高等教育	52

-100—非常慢　+100—非常快（平均值）

下篇　国家报告

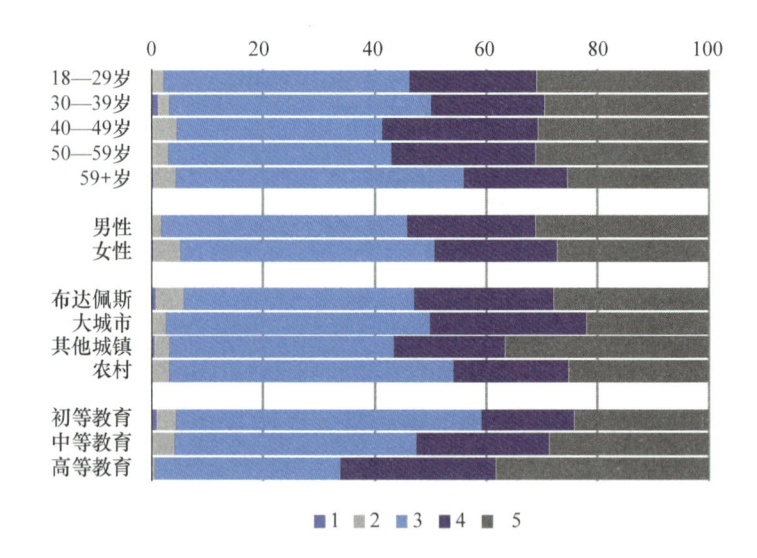

图60　你如何评价过去两年中国的经济发展？

1—非常慢　5—非常快（答案分布,%）

资料来源：中国—中东欧研究院2018年秋季调查问卷。

问卷调查结果显示，匈牙利人认为过去5年中国在世界上的重要性有所改善，数值为+43，比2017年的数值+36高，但比中东欧16国的平均值（+45）低，处于中东欧16国的第8位。按年龄组划分——30—39岁、40—49岁和50—59岁，按性别划分——男性，按地区划分——布达佩斯和其他城镇的居民，按教育程度划分——受过高等教育人员的数值高于匈牙利的平均水平。

匈牙利居民对中国与匈牙利之间关系的评估，转换为-100至+100的数值，数值为+23，表明中匈关系紧密，该数值接近2017年的数值+17，也高于中东欧16国的平均值（+3），处于中东欧16国第3位。按年龄组划分——40—49岁和50—59岁，按性别划分——女性，按地区划分——布达佩斯和其他城镇的居民，按受教育程度划分——受过中等和高等教育人员的数值高于匈牙利平均水平。

九 匈牙利

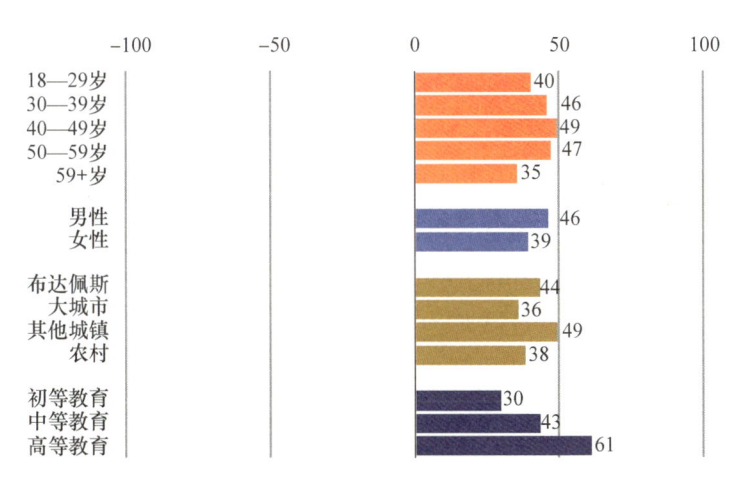

18—29岁	40
30—39岁	46
40—49岁	49
50—59岁	47
59+岁	35
男性	46
女性	39
布达佩斯	44
大城市	36
其他城镇	49
农村	38
初等教育	30
中等教育	43
高等教育	61

−100—严重恶化　+100—改善非常显著（平均值）

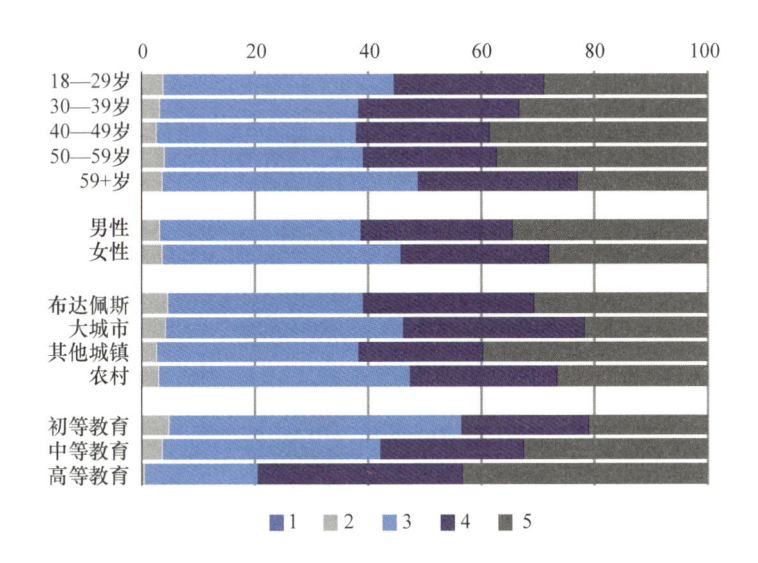

图例：1　2　3　4　5

图61　你如何评价中国最近5年在世界上重要性的变化？

1—严重恶化　5—改善非常显著（答案分布,%）

资料来源：中国—中东欧研究院2018年秋季调查问卷。

匈牙利人认为，旨在加强中国与匈牙利之间的贸易和经济关系

· 85 ·

的"一带一路"倡议在未来 5 年可能产生的影响略微积极（+10），比 2017 年数值更为积极（+8）。但该数值低于中东欧 16 国的平均值（+16），处于中东欧 16 国的第 11 位。按年龄组划分——30—39 岁和 40—49 岁，按性别划分——男性，按地区划分——布达佩斯和农村地区的居民，按受教育程度划分——受过中等和高等教育程度人员的数值高于匈牙利的平均水平。

45% 的匈牙利人没有听说过中国与包括匈牙利在内的中东欧国家（"16 + 1"）之间的合作（2017 年这一比重为 38%）。另外 55%（这部分按 100% 计算）中，37% 已经听说过此项合作，但不知道具体是什么，而 51% 知道一些细节，9% 知道很多细节，只有 4% 表示他/她完全清楚（后者在 2017 年为 2%）。

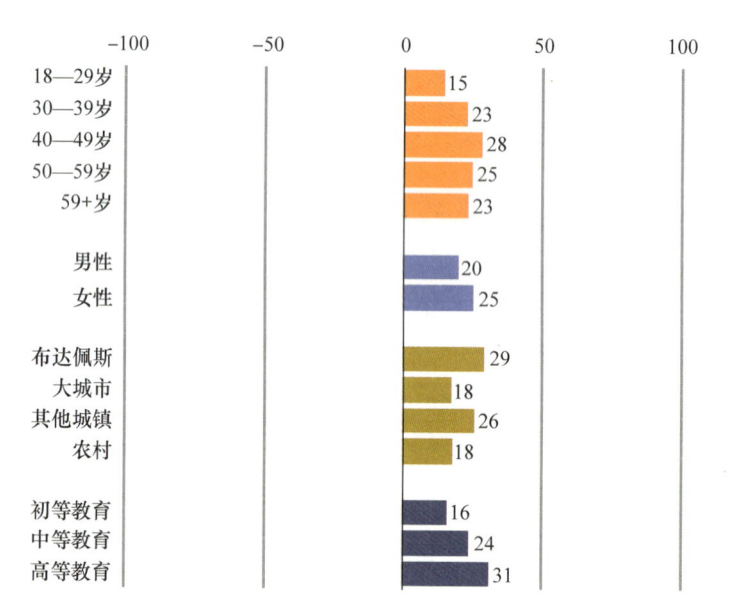

18—29 岁	15
30—39 岁	23
40—49 岁	28
50—59 岁	25
59+ 岁	23
男性	20
女性	25
布达佩斯	29
大城市	18
其他城镇	26
农村	18
初等教育	16
中等教育	24
高等教育	31

−100—非常松散 +100—非常紧密（平均值）

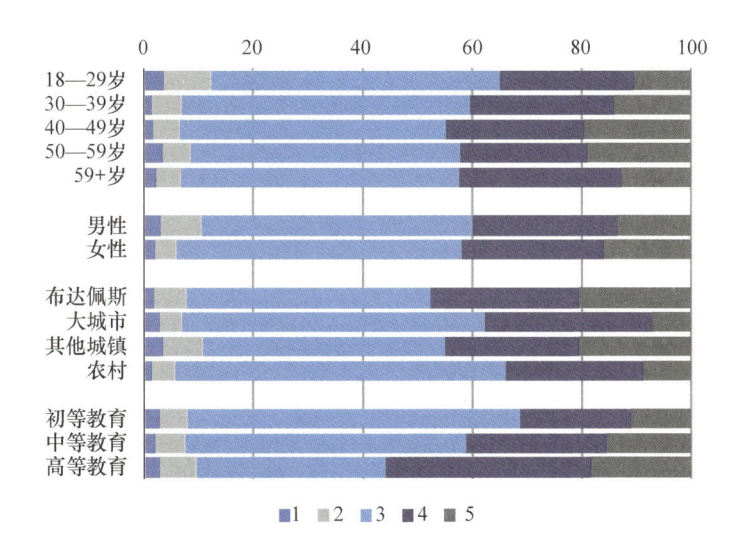

九 匈牙利

图62 你认为中国与匈牙利之间的关系有多紧密？

1—非常松散　5—非常紧密（答案分布,%）

资料来源：中国—中东欧研究院2018年秋季调查问卷。

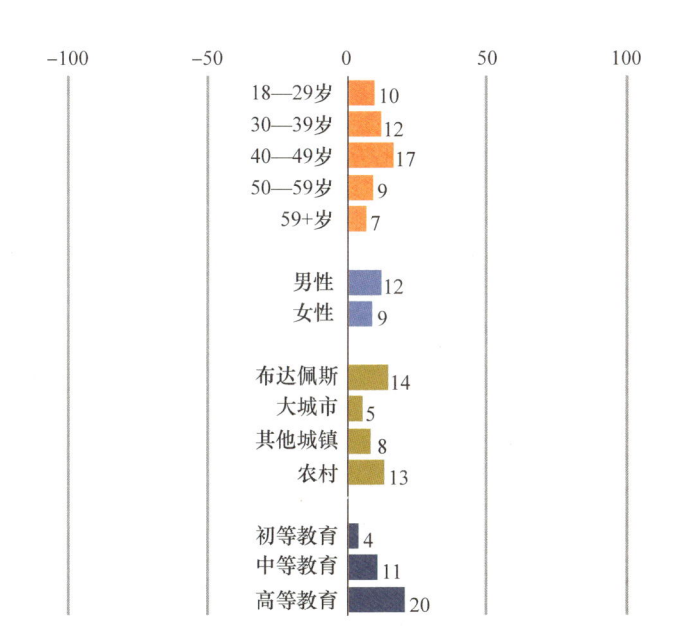

-100—完全没有影响　+100—非常富有成效（平均值）

下篇　国家报告

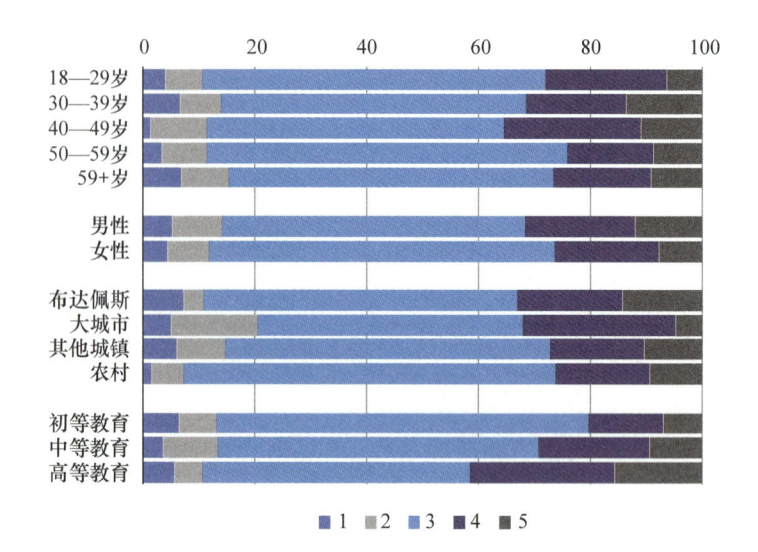

图 63　如何看待未来 5 年旨在加强中国与贵国之间贸易和经济关系的"一带一路"倡议可能产生的影响？

1—完全没影响　5—非常富有成效（答案分布,%）

资料来源：中国—中东欧研究院 2018 年秋季调查问卷。

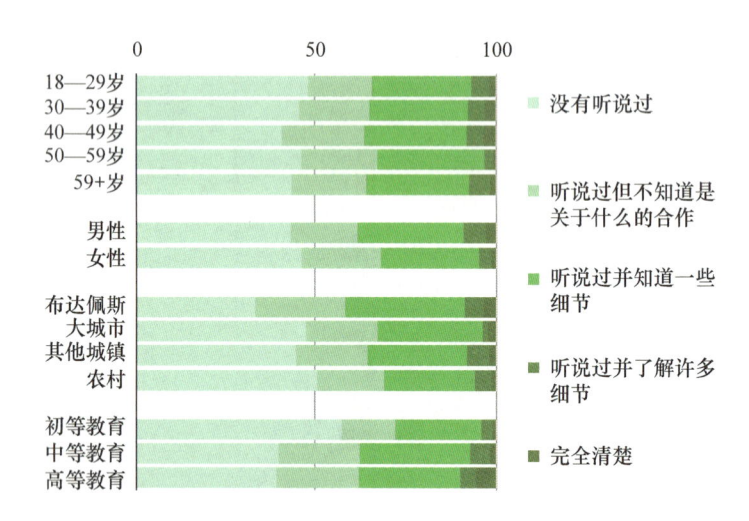

图 64　你是否听说过中国与贵国参与的中国—中东欧国家（"16 + 1"）合作？（答案分布,%）

资料来源：中国—中东欧研究院 2018 年秋季调查问卷。

十　拉脱维亚

拉脱维亚居民对过去两年中国经济发展的评估转换为 −100 至 +100 的数值，结果为快速（+39），比 2017 年（+37）数值高，但比中东欧 16 国的平均水平低（+43），处于中东欧 16 国第 9 位。按年龄组划分——25—34 岁、35—44 岁和 55—64 岁，按性别划分——男性，按地区划分——里加和其他城镇的居民，按教育程度划分——受过高等教育人员的数值高于拉脱维亚的平均水平。

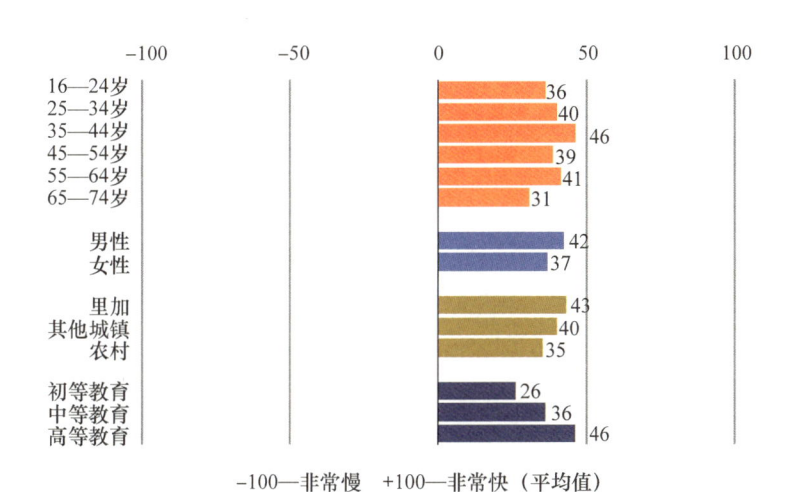

16—24岁	36
25—34岁	40
35—44岁	46
45—54岁	39
55—64岁	41
65—74岁	31
男性	42
女性	37
里加	43
其他城镇	40
农村	35
初等教育	26
中等教育	36
高等教育	46

−100—非常慢　+100—非常快（平均值）

下篇　国家报告

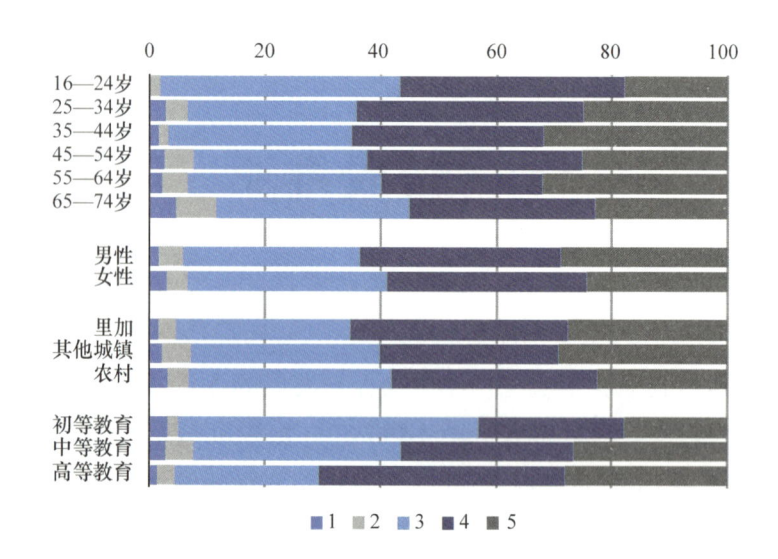

图 65　你如何评价过去两年中国的经济发展？

1—非常慢　5—非常快（答案分布,%）

资料来源：中国—中东欧研究院 2018 年秋季调查问卷。

根据拉脱维亚居民的观点，中国在世界上的重要性在过去 5 年有所改善（+44），略低于 2017 年的数值（+45）和中东欧 16 国的平均值（+45），处于中东欧 16 国的第 7 位。按年龄组划分——35—44 岁、55—64 岁和 65—74 岁，按性别划分——男性，按地区划分——里加，按教育程度划分——受过高等教育人员的数值高于拉脱维亚的平均水平。

拉脱维亚居民对中国与拉脱维亚之间关系的评估转换为 -100 至 +100 的数值为松散（-23），与 2017 年相比没有变化。该数值低于中东欧 16 国平均值（+3），处于中东欧 16 国第 15 位。按年龄组划分——25—34 岁、45—54 岁和 55—64 岁，按性别划分——男性，按地区划分——里加，按教育程度划分——受过高等教育人员的数值低于拉脱维亚的平均水平。

十　拉脱维亚

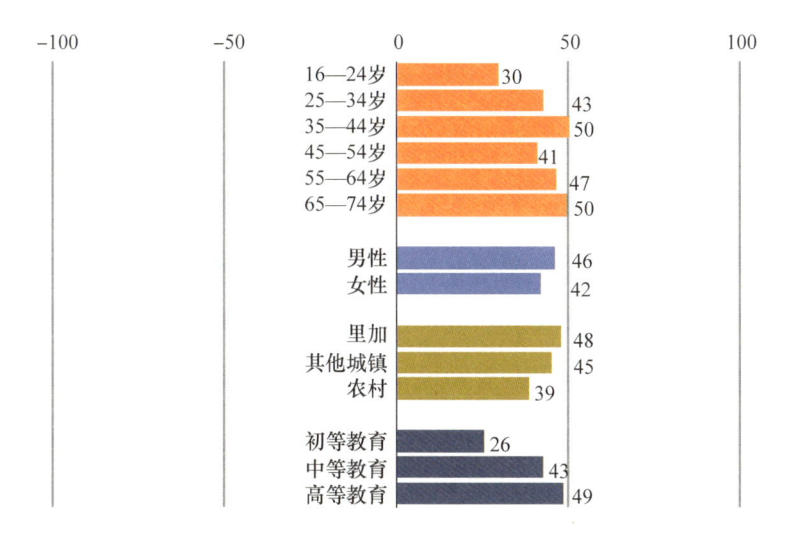

16—24岁	30
25—34岁	43
35—44岁	50
45—54岁	41
55—64岁	47
65—74岁	50
男性	46
女性	42
里加	48
其他城镇	45
农村	39
初等教育	26
中等教育	43
高等教育	49

−100—严重恶化　+100—改善非常显著（平均值）

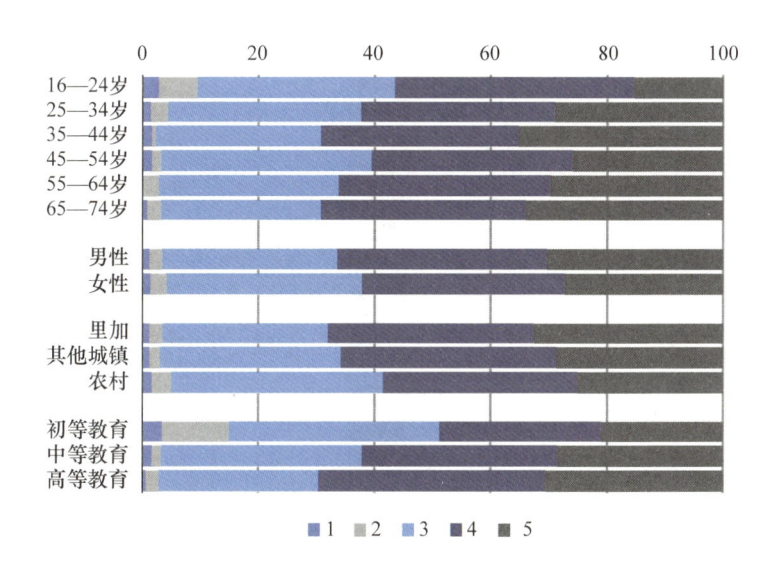

图66　你如何评价中国最近5年在世界上重要性的变化？

1—严重恶化　5—改善非常显著（答案分布,%）

资料来源：中国—中东欧研究院2018年秋季调查问卷。

拉脱维亚人对旨在加强中国与拉脱维亚之间的贸易和经济关系的"一带一路"倡议在未来5年可能产生的影响这一问题的回答略显积极，数值为+8（2017年的数值为+7）。但该数值低于中东欧16国平均值（+16），处于中东欧16国第12位。按年龄组划分——16—24岁（该年龄组最多）、35—44岁和55—64岁，按性别划分——女性，按地区划分——其他城镇的居民，按教育程度划分——受过初等教育人员的数值高于拉脱维亚的平均水平。

55%的拉脱维亚人没有听说过中国与包括拉脱维亚在内的中东欧国家（"16＋1"）之间的合作。另外45%（这部分按100%计算）中，59%已经听说过此项合作，但不知道具体是什么，35%知道一些细节，4%知道很多细节，而2%表明他/她完全清楚。

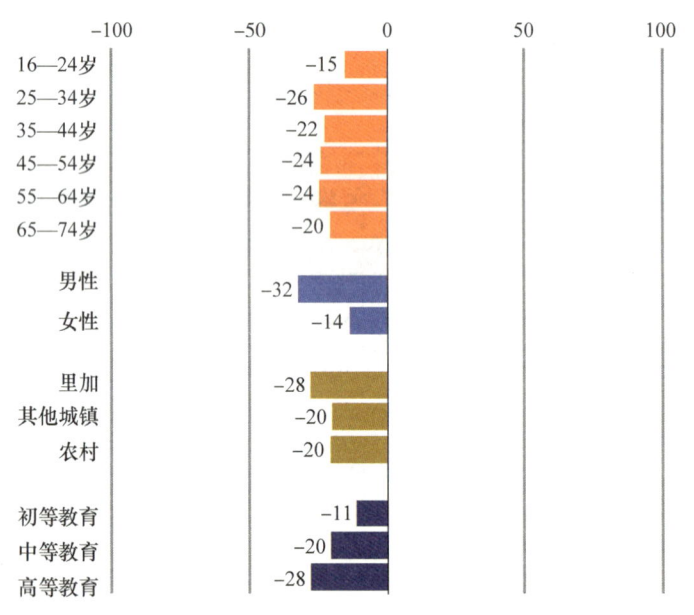

16—24岁	-15
25—34岁	-26
35—44岁	-22
45—54岁	-24
55—64岁	-24
65—74岁	-20
男性	-32
女性	-14
里加	-28
其他城镇	-20
农村	-20
初等教育	-11
中等教育	-20
高等教育	-28

-100—非常松散　+100—非常紧密（平均值）

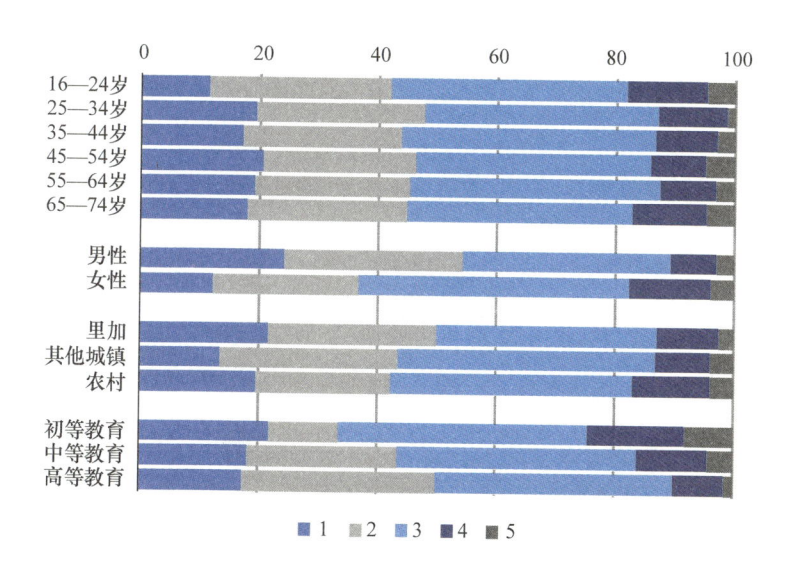

图67　你认为中国与拉脱维亚之间的关系有多紧密？

1—非常松散　5—非常紧密（答案分布,%）

资料来源：中国—中东欧研究院2018年秋季调查问卷。

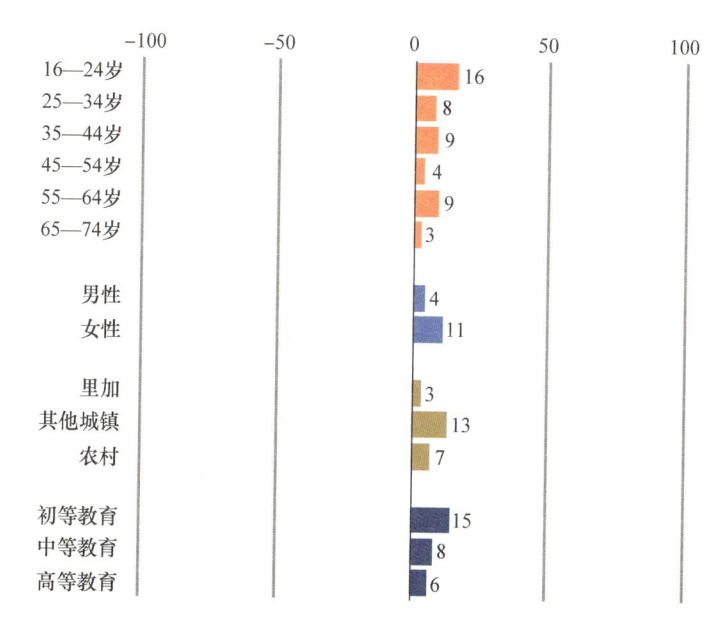

-100—完全没有影响　+100—非常富有成效（平均值）

下篇 国家报告

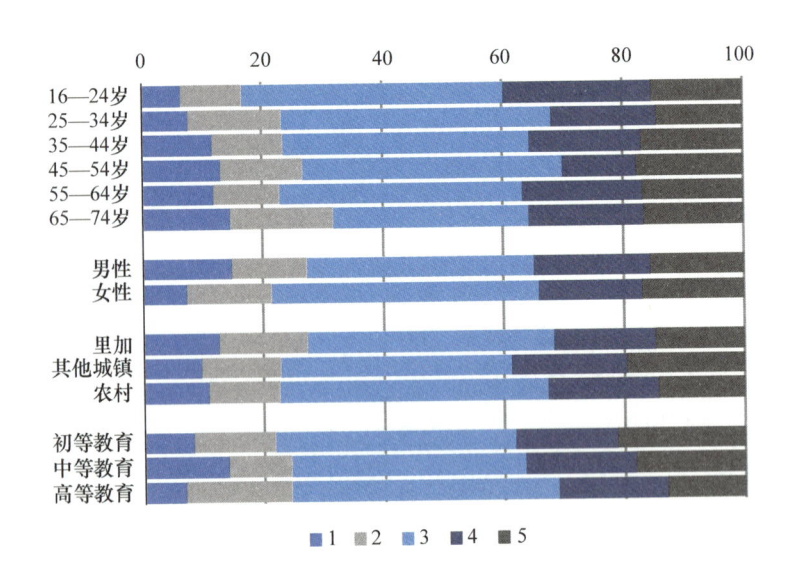

图68 如何看待未来5年旨在加强中国与贵国之间贸易和经济关系的"一带一路"倡议可能产生的影响？

1—完全没有影响 5—非常富有成效（答案分布,%）

资料来源：中国—中东欧研究院2018年秋季调查问卷。

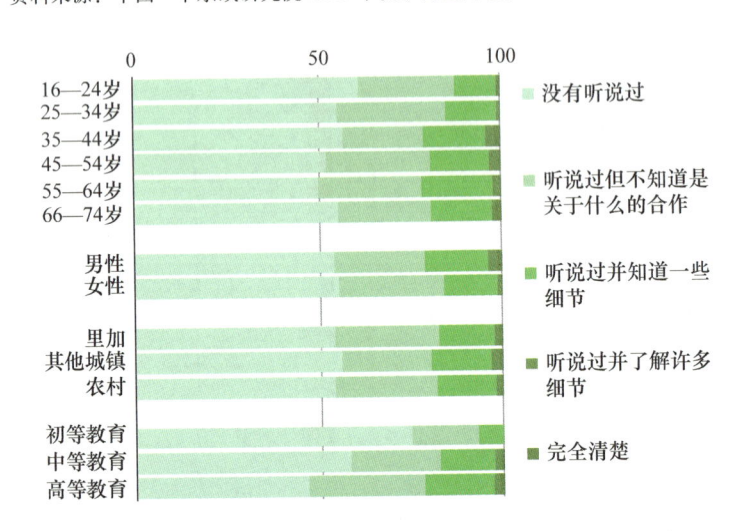

图69 你是否听说过中国与贵国参与的中国—中东欧国家

（"16 + 1"）合作？（答案分布,%）

资料来源：中国—中东欧研究院2018年秋季调查问卷。

十一　立陶宛

立陶宛居民评估过去两年中国经济发展的结果转换为－100至＋100的数值，为快速（＋34），与2017年相同，但低于中东欧16国的平均值（＋43），处于中东欧16国的第13位。按年龄组划分——35—44岁、45—54岁和55—64岁，按性别划分——男性，按地区划分——其他城镇的居民，按教育程度划分——受过高等教育人员的数值高于立陶宛的平均水平。

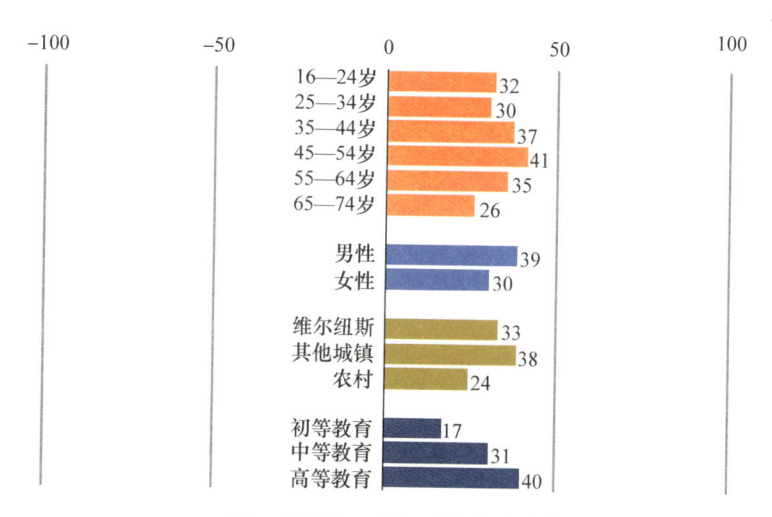

16—24岁	32
25—34岁	30
35—44岁	37
45—54岁	41
55—64岁	35
65—74岁	26
男性	39
女性	30
维尔纽斯	33
其他城镇	38
农村	24
初等教育	17
中等教育	31
高等教育	40

－100—非常慢　＋100—非常快（平均值）

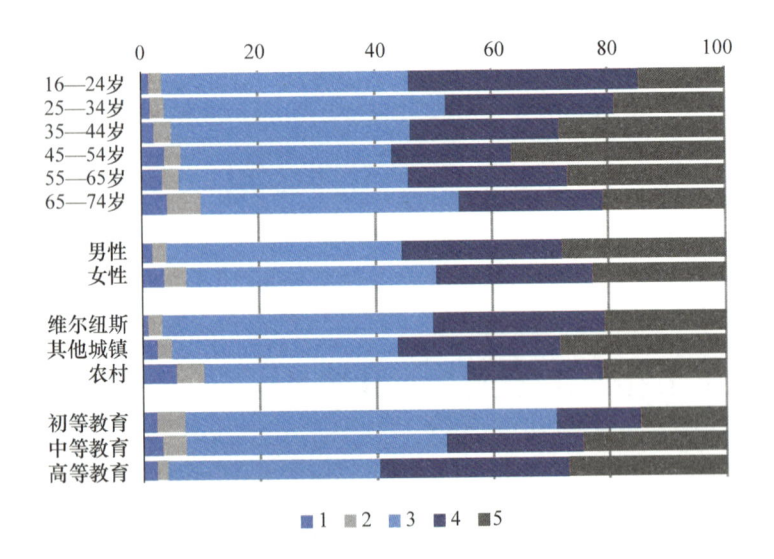

图 70 你如何评价过去两年中国的经济发展？

1—非常慢　5—非常快（答案分布,%）

资料来源：中国—中东欧研究院 2018 年秋季调查问卷。

立陶宛人民认为，中国在世界上的重要性在过去 5 年中有所改善，数值为 +36（2017 年为 +37），低于中东欧 16 国的平均值（+45），处于中东欧 16 国的第 12 位。按年龄组划分——45—54 岁和 55—64 岁，按性别划分——男性，按地区划分——维尔纽斯和其他城镇的居民，按教育程度划分——受过高等教育人员数值高于立陶宛的平均值。

立陶宛人对中国与立陶宛之间关系的评估转换为 -100 至 +100 的数值为松散（-21），比 2017 年（-26）高一些，但该数值低于中东欧 16 国的平均值（+3），处于中东欧 16 国的第 14 位。按年龄组划分——16—24 岁和 25—34 岁，按性别划分——男性，按地区划分——维尔纽斯的居民，按教育程度划分——受过高等教育人员的数值低于立陶宛平均值。

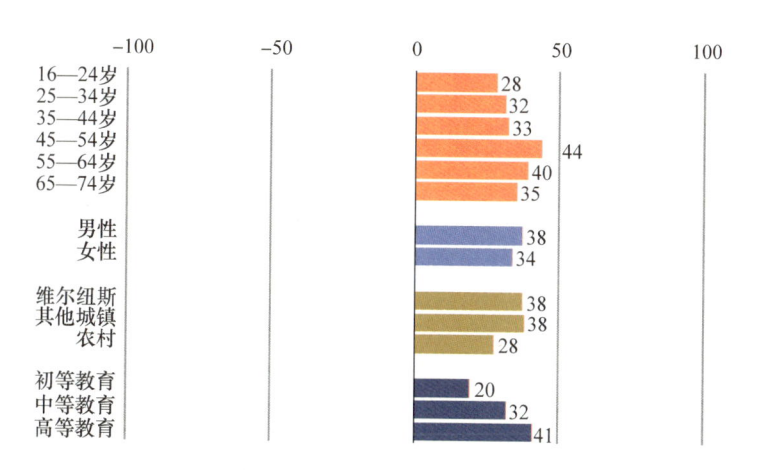

十一 立陶宛

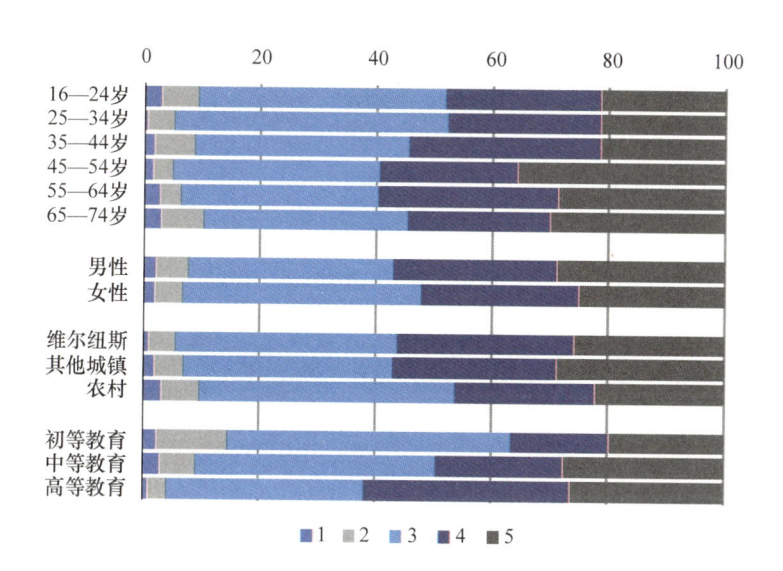

图71 你如何评价中国最近5年在世界上重要性的变化？

1—严重恶化　5—改善非常显著（答案分布,%）

资料来源：中国—中东欧研究院2018年秋季调查问卷。

立陶宛居民对旨在加强中国与立陶宛之间的贸易和经济关系的"一带一路"倡议在未来5年可能产生的影响的看法非常积极（+30），与2017年相比没有变化。这一数值高于中东欧16国的平均

◆ 下篇　国家报告

值（+16），处于中东欧 16 国的第 3 位。按年龄组划分——16—24 岁、25—34 岁和 35—44 岁，按地区划分——维尔纽斯和其他城镇的居民，按教育程度划分——受过初等教育和高等教育人员的数值高于立陶宛平均值。

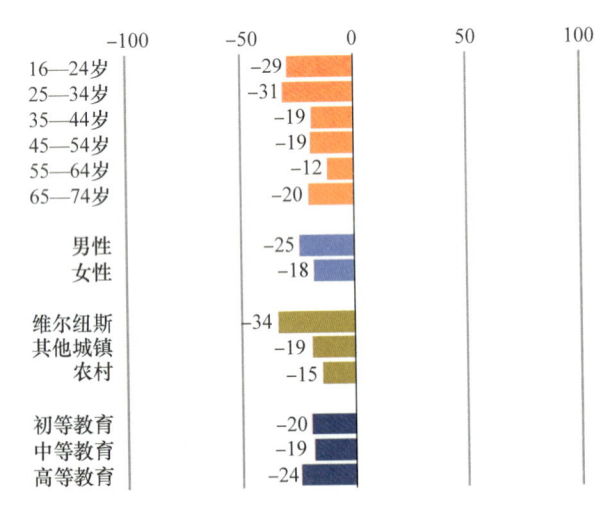

	数值
16—24 岁	-29
25—34 岁	-31
35—44 岁	-19
45—54 岁	-19
55—64 岁	-12
65—74 岁	-20
男性	-25
女性	-18
维尔纽斯	-34
其他城镇	-19
农村	-15
初等教育	-20
中等教育	-19
高等教育	-24

-100—非常松散　+100—非常紧密（平均值）

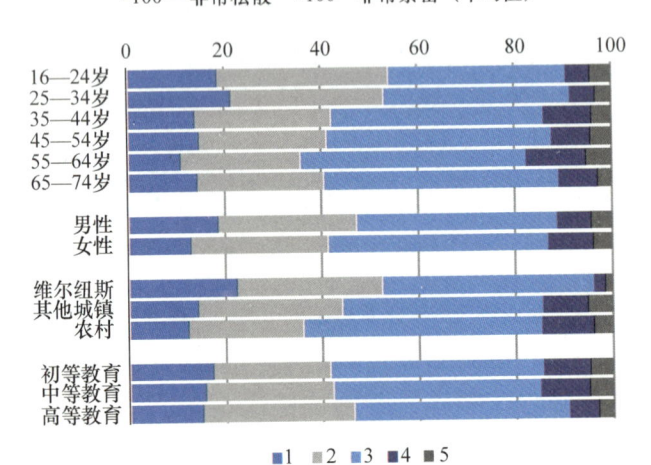

图 72　你认为中国与立陶宛之间的关系有多紧密？

1—非常松散　5—非常紧密（答案分布,%）

资料来源：中国—中东欧研究院 2018 年秋季调查问卷。

十一 立陶宛

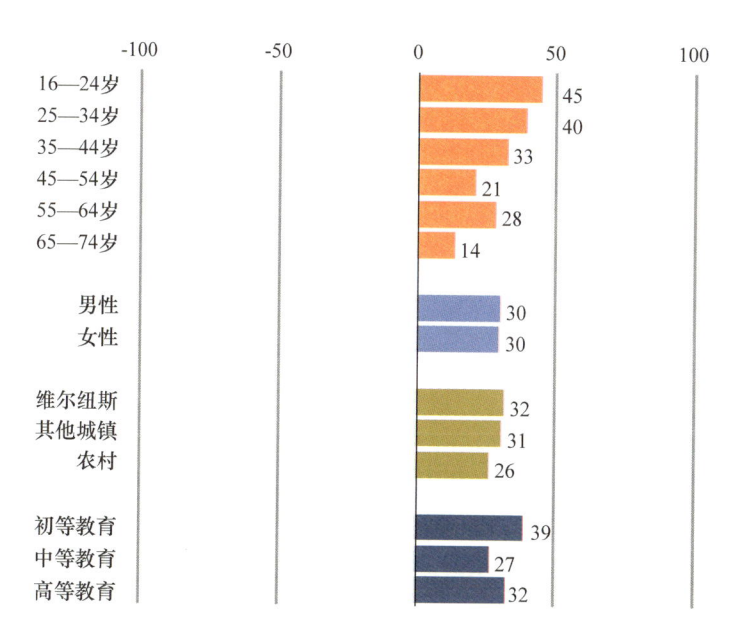

16—24岁	45
25—34岁	40
35—44岁	33
45—54岁	21
55—64岁	28
65—74岁	14
男性	30
女性	30
维尔纽斯	32
其他城镇	31
农村	26
初等教育	39
中等教育	27
高等教育	32

-100—完全没有影响　+100—非常富有成效（平均值）

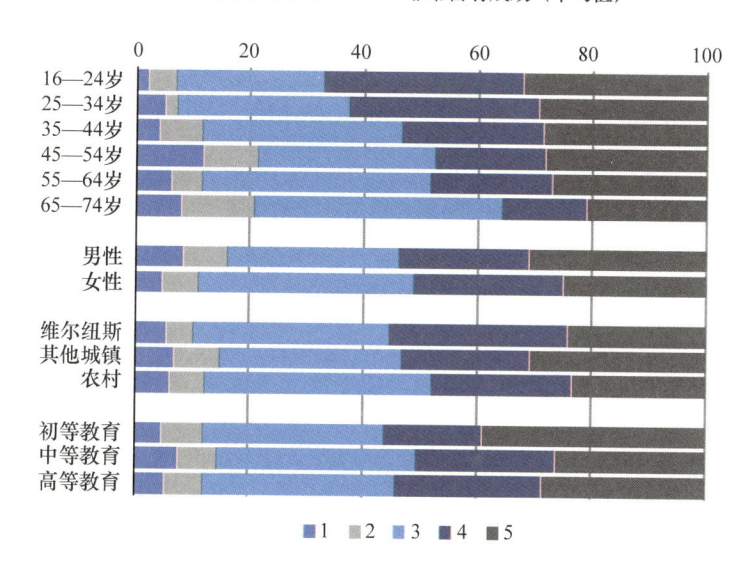

图73　如何看待未来5年旨在加强中国与贵国之间贸易和经济关系的"一带一路"倡议可能产生的影响？

1—完全没有影响　5—非常富有成效（答案分布,%）

资料来源：中国—中东欧研究院2018年秋季调查问卷。

下篇　国家报告

53%的立陶宛人没有听说过中国与包括立陶宛在内的中东欧国家（"16 + 1"）之间的合作。另外47%（这部分按100%计算）的人中，50%已经听说过此项合作，但不知道具体是什么，而43%知道一些细节，4%知道很多细节，只有2%表示他/她完全清楚。

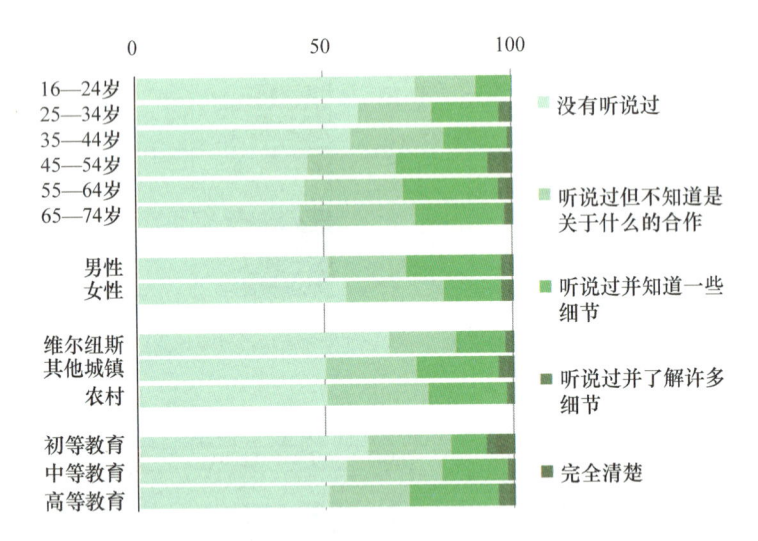

图74　你是否听说过中国与贵国参与的中国—中东欧国家（"16 + 1"）合作？（答案分布,%）

资料来源：中国—中东欧研究院2018年秋季调查问卷。

十二 马其顿

马其顿居民对过去两年中国经济发展的评估结果转换为 -100 至 +100 的数值为 +26，说明马其顿人认为中国经济发展快速，但该数值比 2017 年（+27）略低，也比中东欧 16 国平均值低（+43），处于中东欧 16 国的第 15 位。按年龄组划分——30—49 岁，按性别划分——男性，按地区划分——城市地区的居民，按受教育程度划分——受过中等和高等教育人员的数值高于马其顿的平均值。

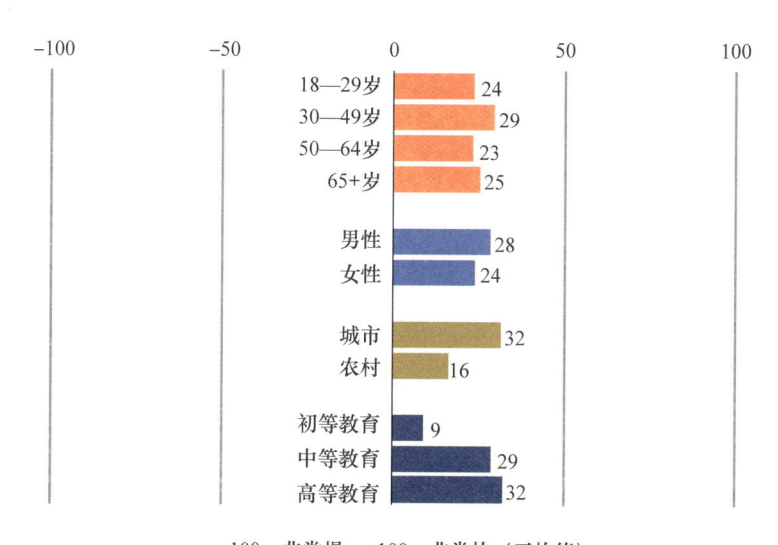

18—29岁	24
30—49岁	29
50—64岁	23
65+岁	25
男性	28
女性	24
城市	32
农村	16
初等教育	9
中等教育	29
高等教育	32

-100—非常慢 +100—非常快（平均值）

下篇　国家报告

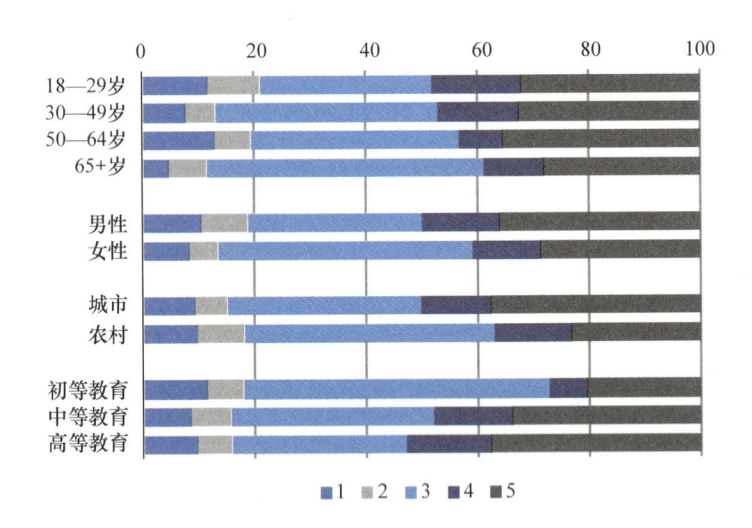

图 75　你如何评价过去两年中国的经济发展？

1—非常慢　5—非常快（答案分布，%）

资料来源：中国—中东欧研究院 2018 年秋季调查问卷。

马其顿人民认为，中国在世界上的重要性在过去 5 年中有所改善，数值为 +35，2017 年为 +34，低于中东欧 16 国平均值（+45），处于中东欧 16 国的第 13 位。按年龄组划分——30—49 岁、50—64 岁和 65 岁以上，按性别划分——男性，按地区划分——城市的居民，按教育程度划分——受过中等和高等教育人员的数值高于马其顿的平均值。

马其顿人对中国与马其顿之间的关系的评价（转换为 -100 至 +100 的数值）为相当松散，数值为 -15，2017 年为 -16。该数值低于中东欧 16 国的平均值（+3），处于中东欧 16 国的第 13 位。按年龄组划分——18—29 岁和 30—49 岁，按性别划分——男性，按地区划分——城市地区的居民，按受教育程度划分——受过中等和高等教育人员的数值低于马其顿的平均值。

十二 马其

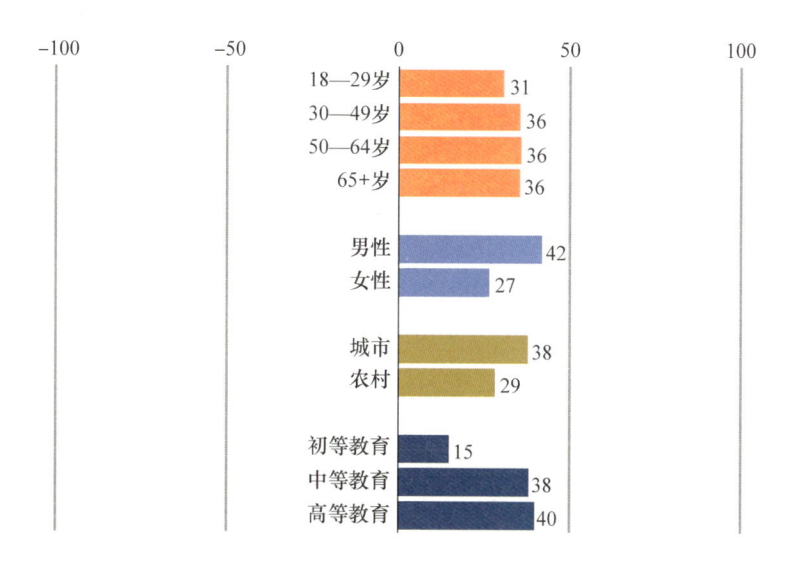

18—29岁	31
30—49岁	36
50—64岁	36
65+岁	36
男性	42
女性	27
城市	38
农村	29
初等教育	15
中等教育	38
高等教育	40

−100—严重恶化　+100—改善非常显著（平均值）

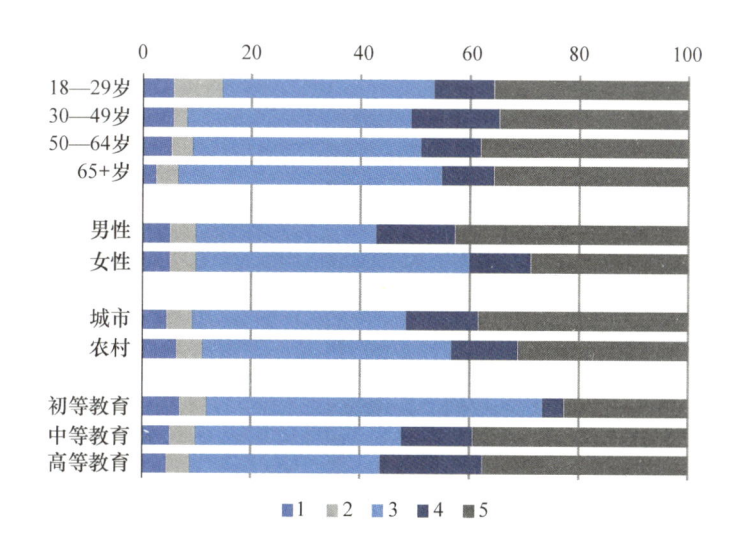

1—严重恶化　2　3　4　5

图76　你如何评价中国最近5年在世界上重要性的变化？

1—严重恶化　5—改善非常显著（答案分布，%）

资料来源：中国—中东欧研究院2018年秋季调查问卷。

对于旨在加强中国与马其顿之间的贸易和经济关系的"一

带一路"倡议在未来5年可能产生的影响,马其顿居民认为将取得积极成果,数值为+18,略低于2017年的数值(+21)。但另一方面,该数值高于中东欧16国的平均值(+16),处于中东欧16国的第6位。按年龄组划分——50—64岁和65岁以上,按性别划分——男性,按地区划分——农村居民,按受教育程度划分——受过中等和高等教育人员的数值高于马其顿的平均值。

44%的马其顿人没有听说过中国与包括马其顿在内的中东欧国家("16+1")之间的合作。另外56%(这部分按100%计算)的人中,45%已经听说过此项合作,但不知道具体是什么,而50%知道一些细节,4%知道很多细节,只有2%表示他/她完全清楚。

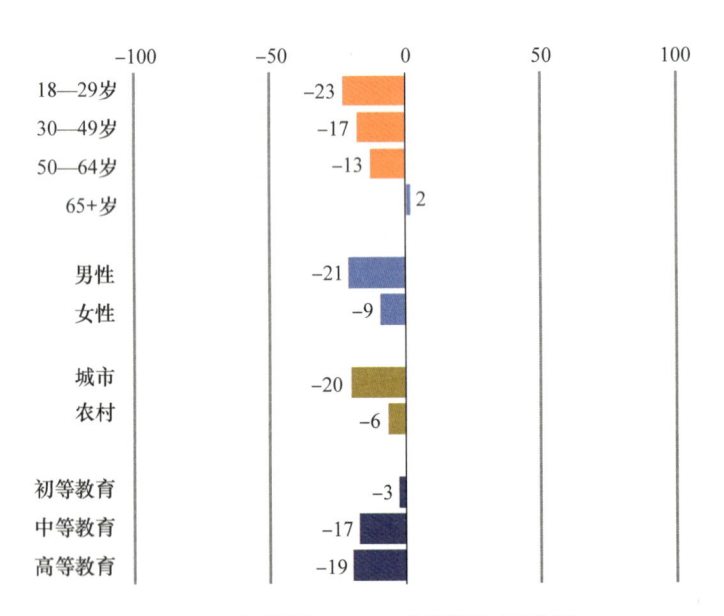

18—29岁	-23
30—49岁	-17
50—64岁	-13
65+岁	2
男性	-21
女性	-9
城市	-20
农村	-6
初等教育	-3
中等教育	-17
高等教育	-19

-100—非常松散 +100—非常紧密(平均值)

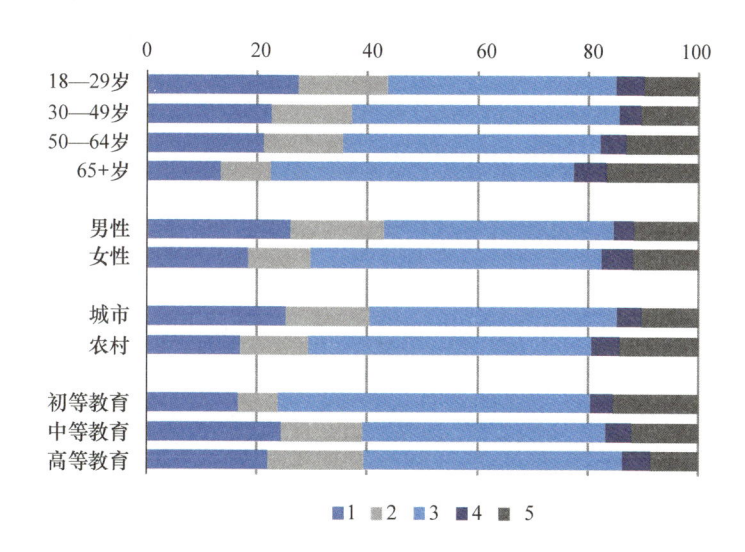

十二 马其

图77 你认为中国与马其顿之间的关系有多紧密？

1—非常松散 5—非常紧密（答案分布,%）

资料来源：中国—中东欧研究院2018年秋季调查问卷。

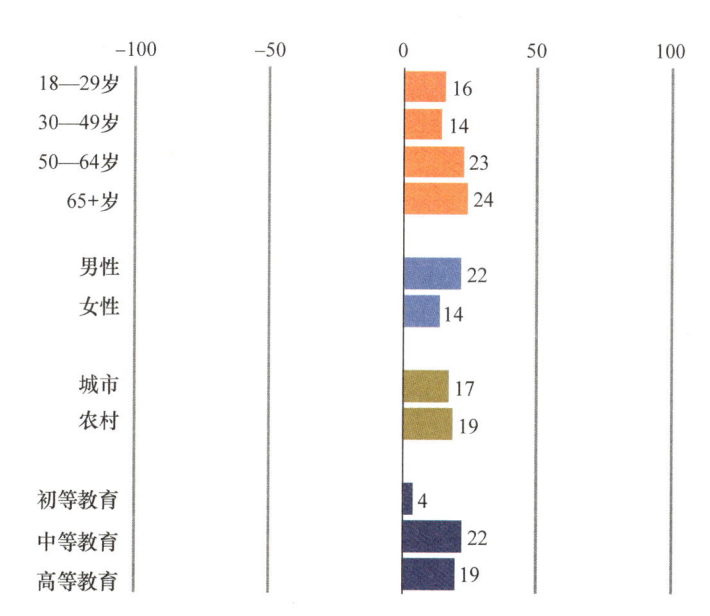

18—29岁: 16
30—49岁: 14
50—64岁: 23
65+岁: 24

男性: 22
女性: 14

城市: 17
农村: 19

初等教育: 4
中等教育: 22
高等教育: 19

-100—完全没有影响 +100—非常富有成效（平均值）

· 105 ·

下篇 国家报告

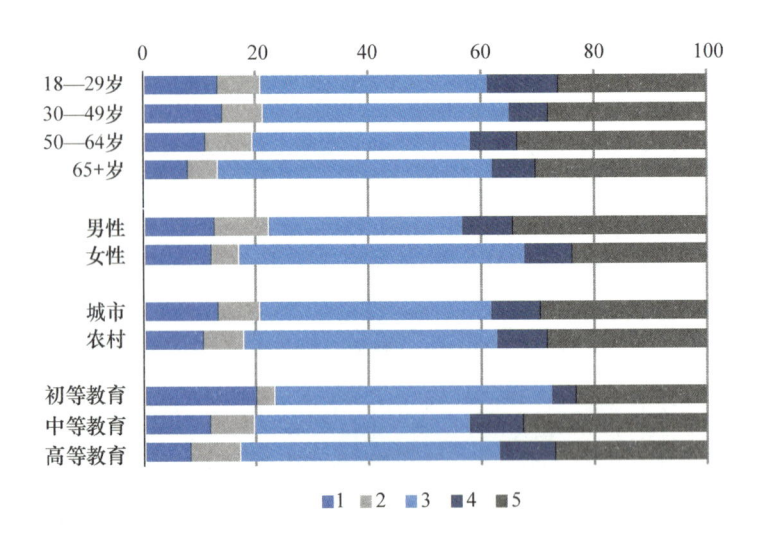

图78 如何看待未来5年旨在加强中国与贵国之间贸易和经济关系的
"一带一路"倡议可能产生的影响?

1—完全没有影响 5—非常富有成效(答案分布,%)

资料来源:中国—中东欧研究院2018年秋季调查问卷。

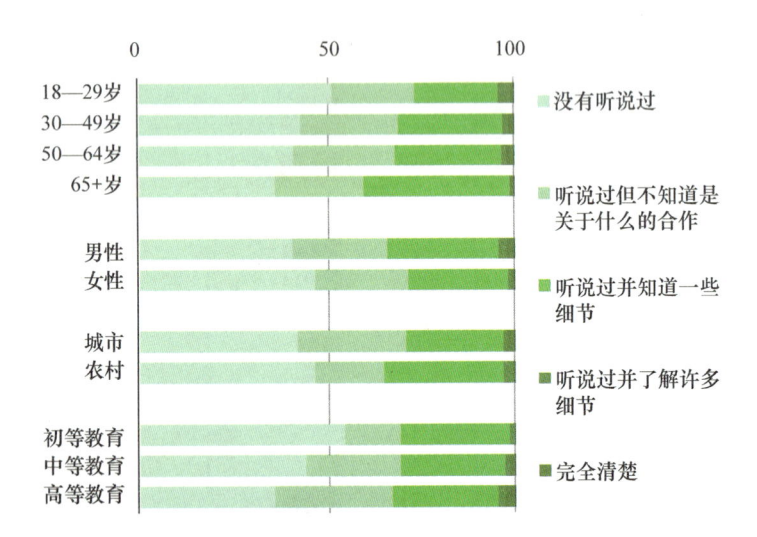

图79 你是否听说过中国与贵国参与的中国—中东欧国家
("16 + 1")合作?(答案分布,%)

资料来源:中国—中东欧研究院2018年秋季调查问卷。

十三　黑山

黑山居民对过去两年中国经济发展的评估（转换为 -100 至 +100的数值）为快速（+46），比2017年（+40）的数值高，并且比中东欧16国平均值高（+43），处于中东欧16国的第5位。按年龄组划分——30—39岁和40—54岁，按性别划分——男性，按地区划分——城市地区的居民，按教育程度划分——受过高等教育人员的数值高于黑山的平均值。

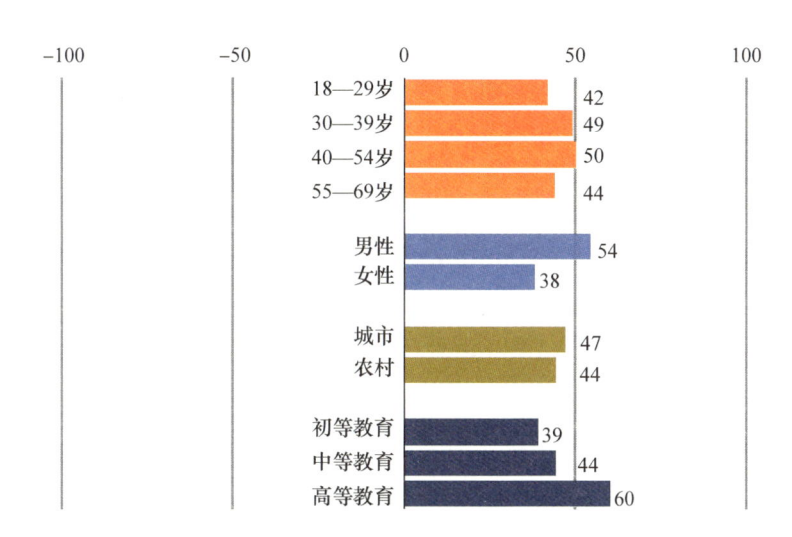

18—29岁	42
30—39岁	49
40—54岁	50
55—69岁	44
男性	54
女性	38
城市	47
农村	44
初等教育	39
中等教育	44
高等教育	60

-100—非常慢　+100—非常快（平均值）

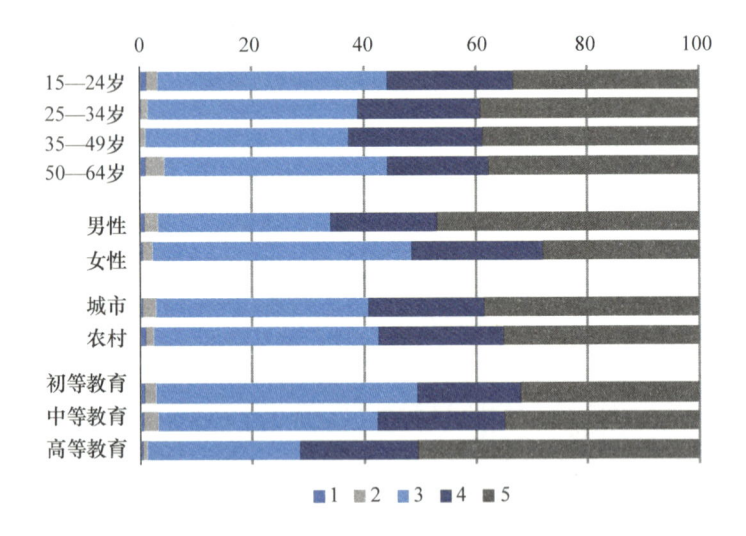

图 80 你如何评价过去两年中国的经济发展？

1—非常慢 5—非常快（答案分布,%）

资料来源：中国—中东欧研究院 2018 年秋季调查问卷。

根据黑山人的观点，中国在世界上的重要性在过去 5 年中有所改善，该数值为 +45（2017 年为 +42），与中东欧 16 国平均值（+45）相等，处于中东欧 16 国的第 6 位。按年龄组划分——40—54 岁，按性别划分——男性，按地区划分——城市地区的居民，按教育程度划分——受过高等教育人员的数值高于黑山的平均值。

黑山人对中国与黑山之间关系的评估（转换为 -100 至 +100 的数值），为关系紧密（+32），比 2017 年的数值（+28）高。该数值还高于中东欧 16 国平均值（+3），处于中东欧 16 国的第 2 位。按年龄组划分——40—54 岁和 55—69 岁，按性别划分——男性，按地区划分——农村地区，按教育程度划分——受过初等和高等教育人员的数值高于黑山的平均值。

十三 黑山

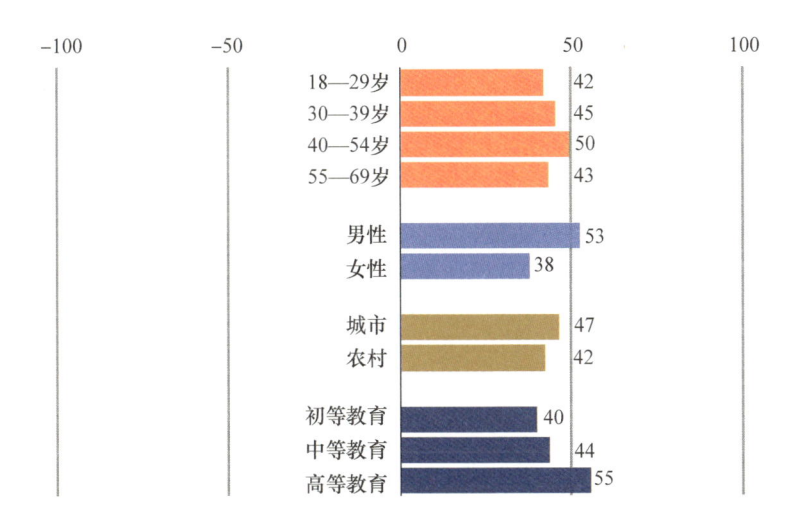

18—29岁	42
30—39岁	45
40—54岁	50
55—69岁	43
男性	53
女性	38
城市	47
农村	42
初等教育	40
中等教育	44
高等教育	55

−100—严重恶化　+100—改善非常显著（平均值）

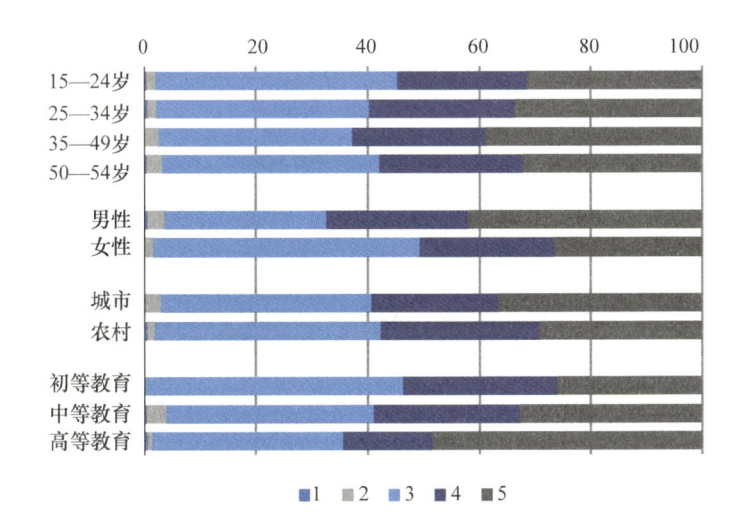

■1　■2　■3　■4　■5

图81　你如何评价中国最近5年在世界上重要性的变化？

1—严重恶化　5—改善非常显著（答案分布,%）

资料来源：中国—中东欧研究院2018年秋季调查问卷。

对于旨在加强中国与黑山之间的贸易和经济关系的"一带一路"倡议在未来5年可能产生的影响，黑山居民的看法为积极

· 109 ·

下篇　国家报告

（+15），这与2017年的数值相比没有变化，但这一数值低于中东欧16国平均水平（+16），处于中东欧16国的第8位。按年龄组划分——30—39岁和40—54岁，按性别划分——男性，按地区划分——农村，按受教育程度划分——受过初等和高等教育人员的数值高于黑山的平均值。

18—29岁	27
30—39岁	28
40—54岁	38
55—69岁	34
男性	36
女性	29
城市	30
农村	37
初等教育	35
中等教育	30
高等教育	36

-100—非常松散　+100—非常紧密（平均值）

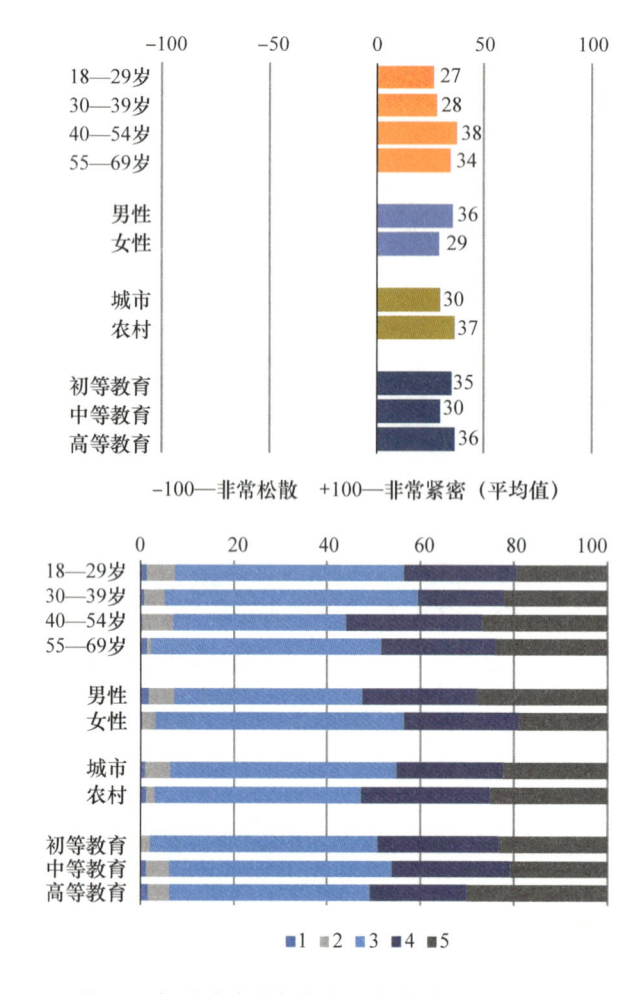

图82　你认为中国与黑山之间的关系有多紧密？

1—非常松散　5—非常紧密（答案分布,%）

资料来源：中国—中东欧研究院2018年秋季调查问卷。

十三 黑山

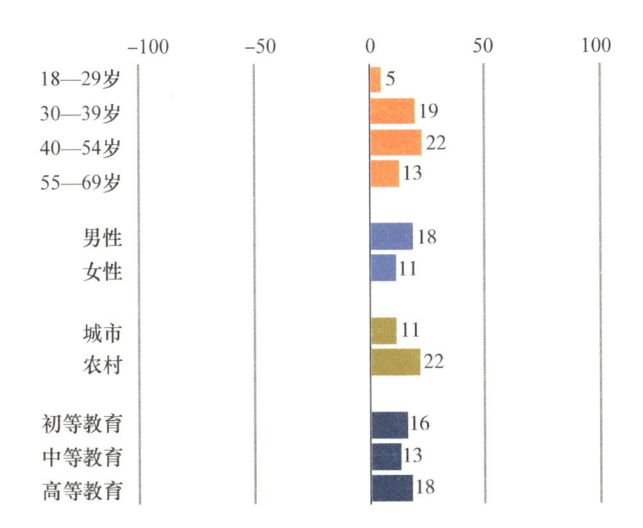

	数值
18—29岁	5
30—39岁	19
40—54岁	22
55—69岁	13
男性	18
女性	11
城市	11
农村	22
初等教育	16
中等教育	13
高等教育	18

−100—完全没有影响　+100—非常富有成效（平均值）

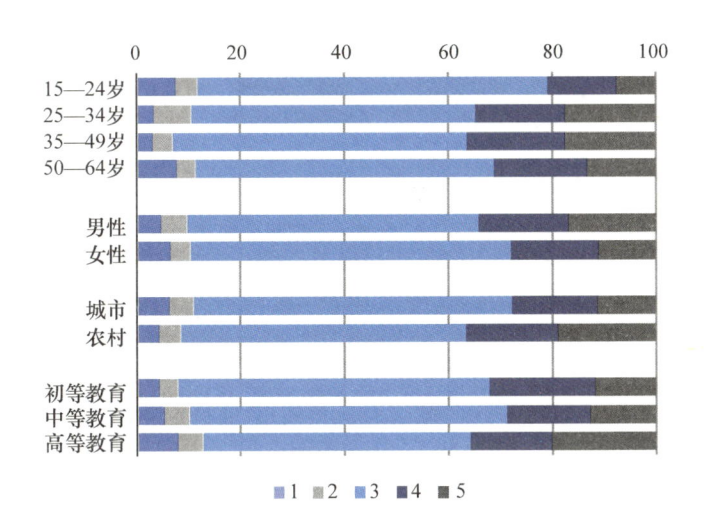

图83　如何看待未来5年旨在加强中国与贵国之间贸易和经济关系的"一带一路"倡议可能产生的影响？

1—完全没有影响　5—非常富有成效（答案分布,%）

资料来源：中国—中东欧研究院2018年秋季调查问卷。

40%的黑山人没有听说过中国与包括黑山在内的中东欧国家

("16 + 1")之间的合作。另外60%(这部分按100%计算)中,32%已经听说过此项合作,但不知道具体是什么,而55%知道一些细节,10%知道很多细节,只有3%表示他/她完全清楚。

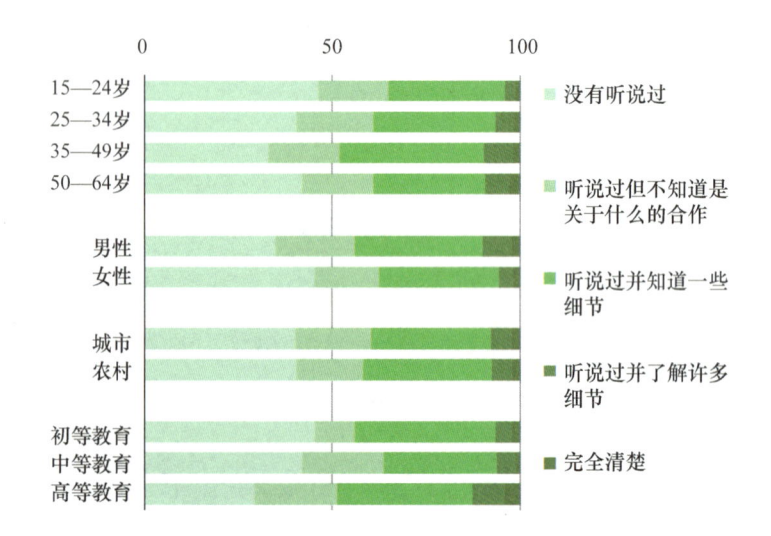

图84 你是否听说过中国与贵国参与的中国—中东欧国家
("16 + 1")合作?(答案分布,%)

资料来源:中国—中东欧研究院2018年秋季调查问卷。

十四　波　兰

波兰居民对过去两年中国经济发展的评估（转换为 -100 至 +100的数值）为快速（+38），数值与2017年一样，但比中东欧16国平均值（+43）低，处于中东欧16国的第10位。按年龄组划分——30—39岁和40—49岁，按性别划分——男性，按地区划分——农村地区，按教育程度划分——受过高等教育人员的数值高于波兰的平均值。

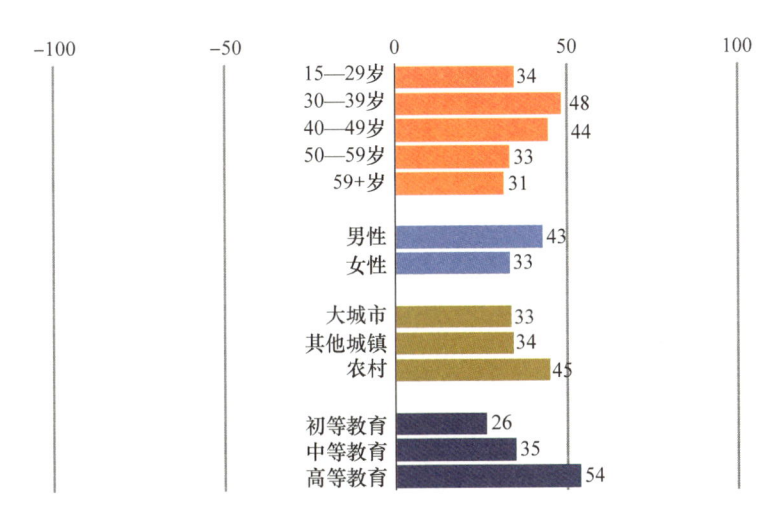

15—29岁	34
30—39岁	48
40—49岁	44
50—59岁	33
59+岁	31
男性	43
女性	33
大城市	33
其他城镇	34
农村	45
初等教育	26
中等教育	35
高等教育	54

-100—非常慢　+100—非常快（平均值）

下篇　国家报告

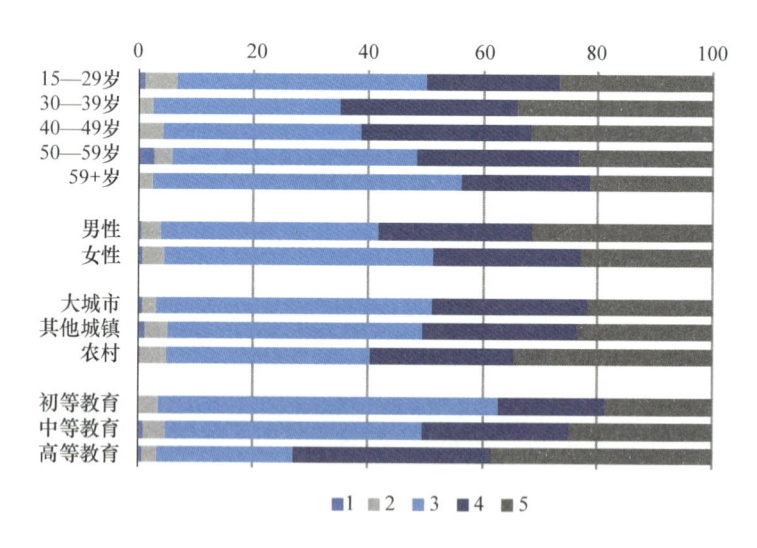

图85　你如何评价过去两年中国的经济发展？

1—非常慢　5—非常快（答案分布,%）

资料来源：中国—中东欧研究院2018年秋季调查问卷。

根据波兰人的观点，过去5年中国在世界上的重要性有所改善（数值为+34），2017年后数值没有变化，这一数值在中东欧16国平均值（+45）之下，处于中东欧16国的第14位。按年龄组划分——30—39岁和40—49岁，按性别划分——男性，按地区划分——农村居民，按受教育程度划分——受过高等教育人员的数值高于波兰的平均水平。

波兰居民评估中国与波兰之间的关系（转换为-100至+100的数值）为紧密（+8），2017年为+9。该数值高于中东欧16国的平均值（+3），处于中东欧16国的第5位。按年龄组划分——30—39岁和50—59岁，按地区划分——农村居民，按教育程度划分——受过高等教育人员的数值高于波兰人的平均水平。

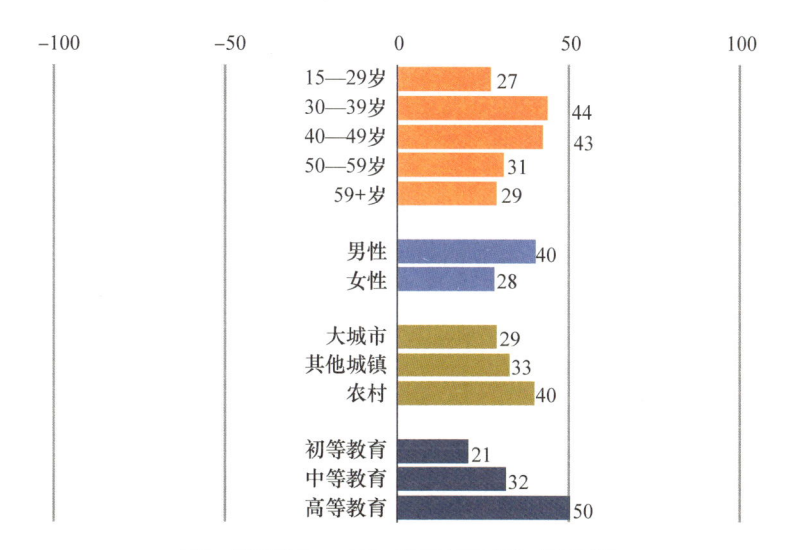

十四 波兰

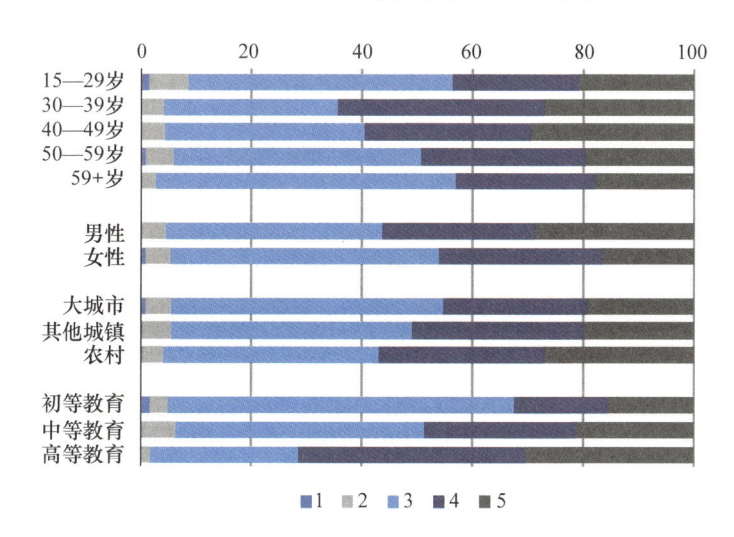

图86 你如何评价中国最近5年在世界上重要性的变化？
1—严重恶化　5—改善非常显著（答案分布,%）

资料来源：中国—中东欧研究院2018年秋季调查问卷。

对于旨在加强中国与波兰之间的贸易和经济关系的"一带一路"倡议在未来5年可能产生的影响，波兰居民的看法为积极

· 115 ·

下篇　国家报告

（+15），但不如2017年的数值（+18）高。另一方面，这个数值略低于中东欧16国的平均值（+16），处于中东欧16国的第7位。按年龄组划分——30—39岁和50—59岁，按性别划分——男性，按地区划分——农村地区的居民，按教育程度划分——受过高等教育人员的数值高于波兰的平均值。

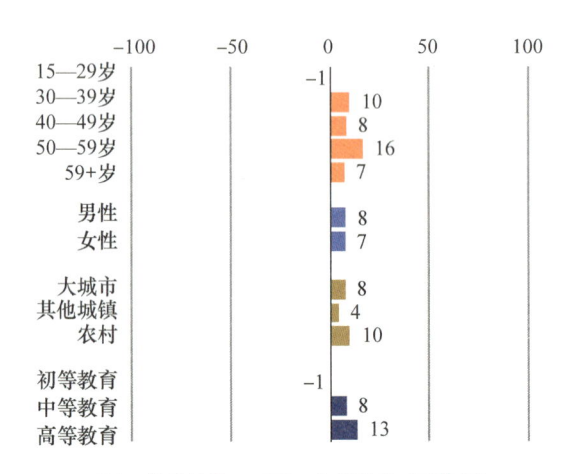

−100—非常松散　+100—非常紧密（平均值）

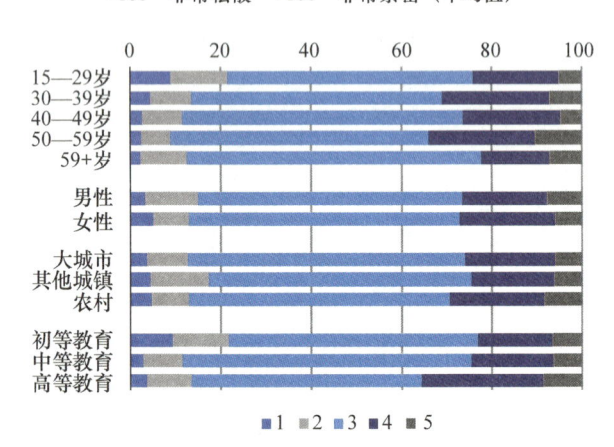

图87　你认为中国与波兰之间的关系有多紧密？

1—非常松散　5—非常紧密（答案分布,%）

资料来源：中国—中东欧研究院2018年秋季调查问卷。

十四 波兰

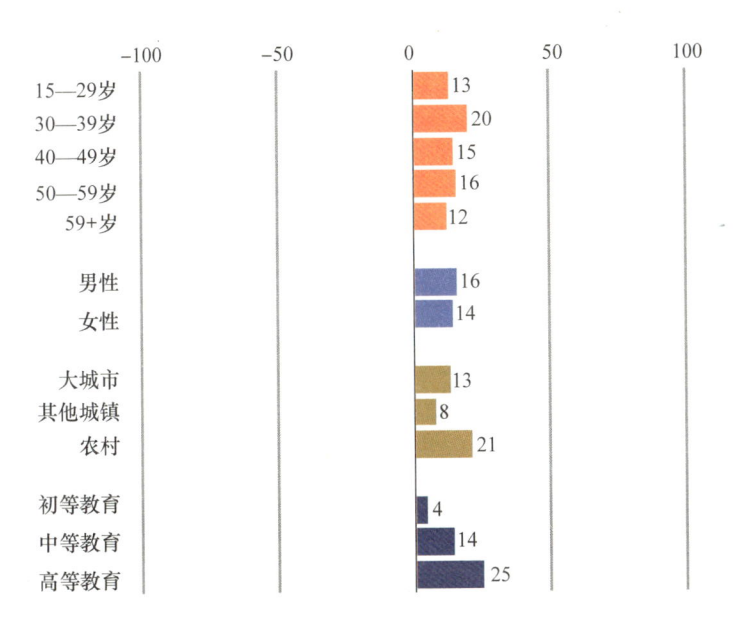

	值
15—29岁	13
30—39岁	20
40—49岁	15
50—59岁	16
59+岁	12
男性	16
女性	14
大城市	13
其他城镇	8
农村	21
初等教育	4
中等教育	14
高等教育	25

−100—完全没有影响　+100—非常富有成效（平均值）

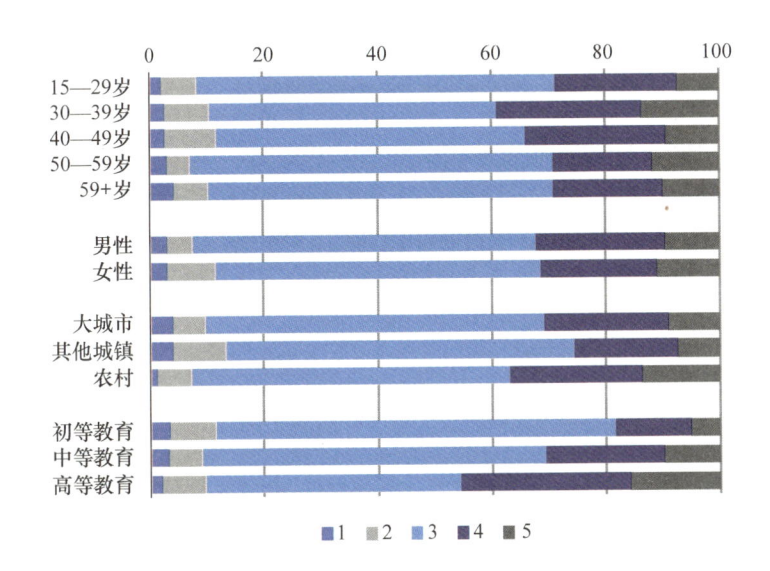

图88　如何看待未来5年旨在加强中国与贵国之间贸易和经济关系的"一带一路"倡议可能产生的影响？

1—完全没有影响　5—非常富有成效（答案分布,%）

资料来源：中国—中东欧研究院2018年秋季调查问卷。

◆ 下篇 国家报告

27%的波兰人没有听说过中国与包括波兰在内的中东欧国家（"16 + 1"）之间的合作。另外的73%（此这部分按100%计算）中，23%已经听说过此项合作，但不知道具体是什么，而69%知道一些细节，7%知道很多细节，只有1%表示他/她完全清楚。

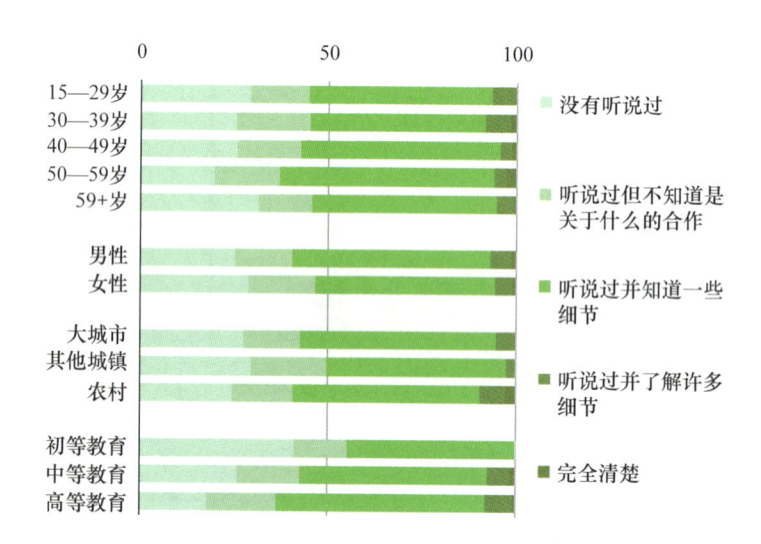

图89 你是否听说过中国与贵国参与的中国—中东欧国家（"16 + 1"）合作？（答案分布,%）

资料来源：中国—中东欧研究院2018年秋季调查问卷。

十五　罗马尼亚

罗马尼亚居民对过去两年中国经济发展的评估（转换为 −100 至 +100 的数值）为快速（+58），与2017年相同，且高于中东欧16国平均值（+43），处于中东欧16国的第4位。按年龄组划分——40—54岁和55—69岁，按性别划分——男性，按地区划分——其他城镇的居民，按教育程度划分——受过中等教育人员的数值高于罗马尼亚平均水平。

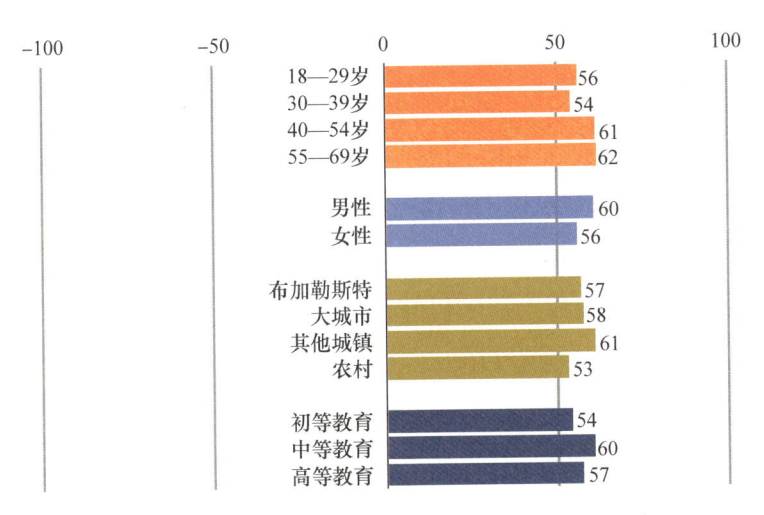

18—29岁	56
30—39岁	54
40—54岁	61
55—69岁	62
男性	60
女性	56
布加勒斯特	57
大城市	58
其他城镇	61
农村	53
初等教育	54
中等教育	60
高等教育	57

−100—非常慢　+100—非常快（平均值）

下篇　国家报告

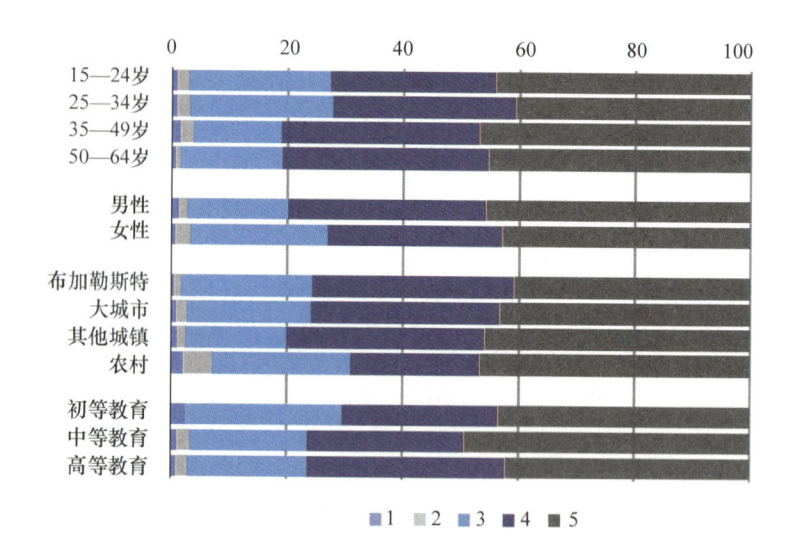

图90　你如何评价过去两年中国的经济发展？

1—非常慢　5—非常快（答案分布，%）

资料来源：中国—中东欧研究院2018年秋季调查问卷。

根据罗马尼亚居民的看法，在过去5年中，中国在世界上的重要性有所改善，数值为+56，2017年数值为+59，该数值高于中东欧16国平均水平（+45），处于中东欧16国的第4位。按年龄组划分——40—54岁和55—69岁，按性别划分——男性，按地区划分——布加勒斯特、大城市和其他城镇的居民，按教育程度划分——受过中等教育人员的数值高于罗马尼亚平均水平。

罗马尼亚人对中国和罗马尼亚之间的关系（转换为-100至+100的数值）的评估为中性（0），2017年数值为+2。这个数值低于中东欧16国平均值（+3），处于中东欧16国的第8位。按年龄组划分——40—54岁和55—69岁，按性别划分——女性，按地区划分——其他城镇和农村地区的居民，按受教育程度划分——受过高等教育人员的数值高于罗马尼亚平均水平。

十五　罗马尼亚

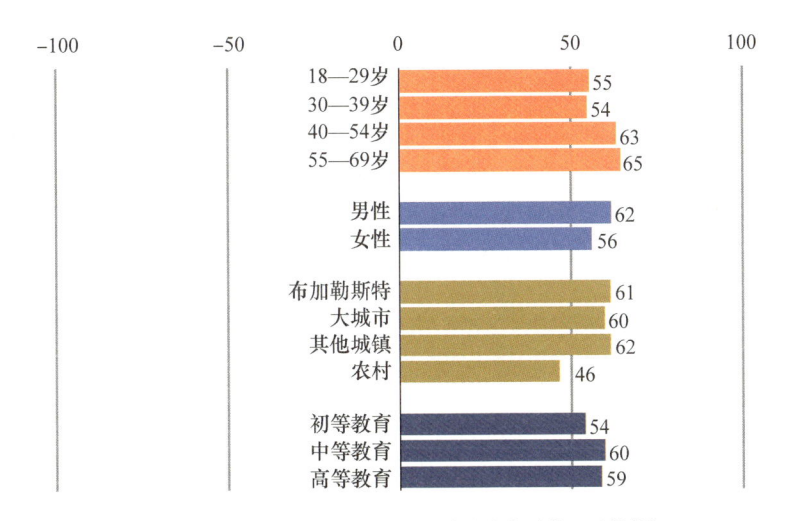

	值
18—29岁	55
30—39岁	54
40—54岁	63
55—69岁	65
男性	62
女性	56
布加勒斯特	61
大城市	60
其他城镇	62
农村	46
初等教育	54
中等教育	60
高等教育	59

−100—严重恶化　+100—改善非常显著（平均值）

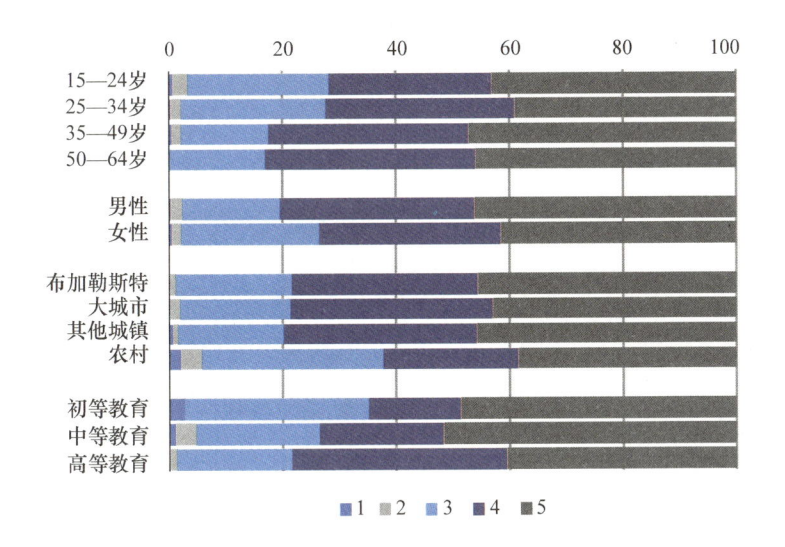

图91　你如何评价中国最近5年在世界上重要性的变化？

1—严重恶化　5—改善非常显著（答案分布，%）

资料来源：中国—中东欧研究院2018年秋季调查问卷。

对于旨在加强中国与罗马尼亚之间的贸易和经济关系的"一带一路"倡议在未来5年可能产生的影响，罗马尼亚居民认为将

◆ 下篇 国家报告

成果显著（+29），比 2017 年数值（+26）要高。该数值还高于中东欧 16 国的平均值（+16），处于中东欧 16 国的第 4 位。按年龄组划分——40—54 岁和 55—69 岁，按性别划分——男性，按地区划分——布加勒斯特、大城市和其他城镇的居民，按教育程度划分——受过中等和高等教育人员的数值高于罗马尼亚平均水平。

32%的罗马尼亚人没有听说过中国与包括罗马尼亚在内的中东欧国家（"16 + 1"）之间的合作。另外 68%的人（这部分按 100%计算）中，54%已经听说过此项合作，但不知道具体是什么，而 34%知道一些细节，7%知道很多细节，只有 4%表示他/她完全清楚。

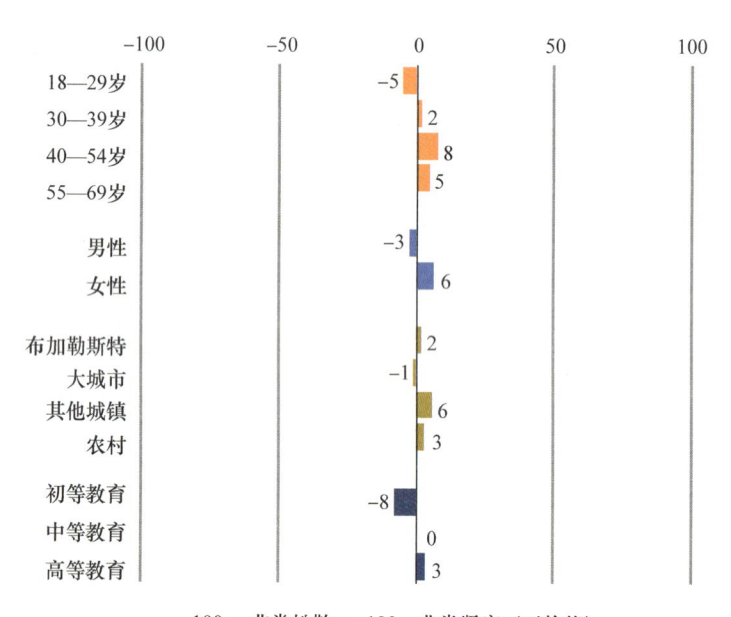

18—29岁	-5
30—39岁	2
40—54岁	8
55—69岁	5
男性	-3
女性	6
布加勒斯特	2
大城市	-1
其他城镇	6
农村	3
初等教育	-8
中等教育	0
高等教育	3

-100—非常松散　+100—非常紧密（平均值）

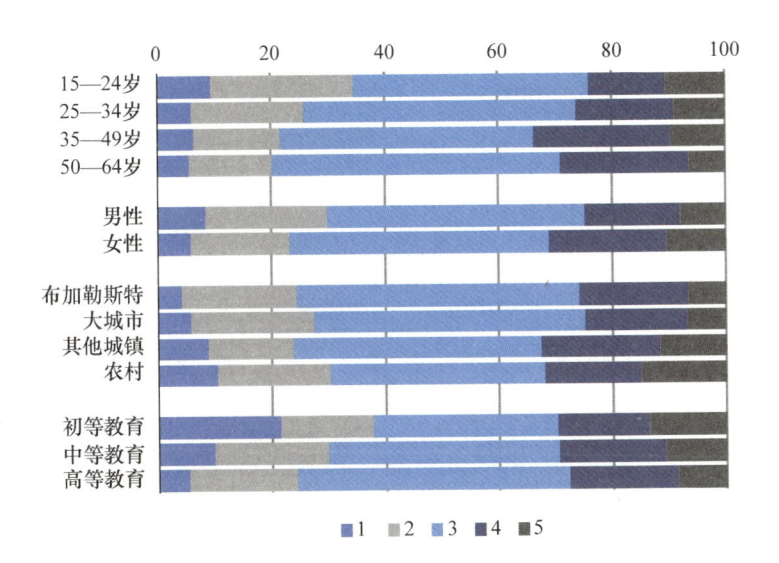

十五 罗马尼亚

图92 你认为中国与罗马尼亚之间的关系有多紧密？

1—非常松散 5—非常紧密（答案分布,%）

资料来源：中国—中东欧研究院2018年秋季调查问卷。

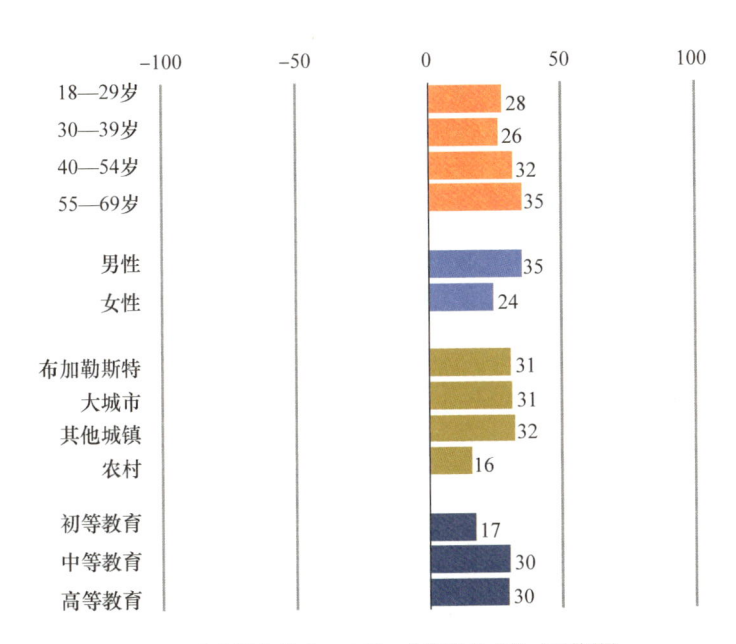

18—29岁	28
30—39岁	26
40—54岁	32
55—69岁	35
男性	35
女性	24
布加勒斯特	31
大城市	31
其他城镇	32
农村	16
初等教育	17
中等教育	30
高等教育	30

−100—完全没有影响 +100—非常富有成效（平均值）

下篇　国家报告

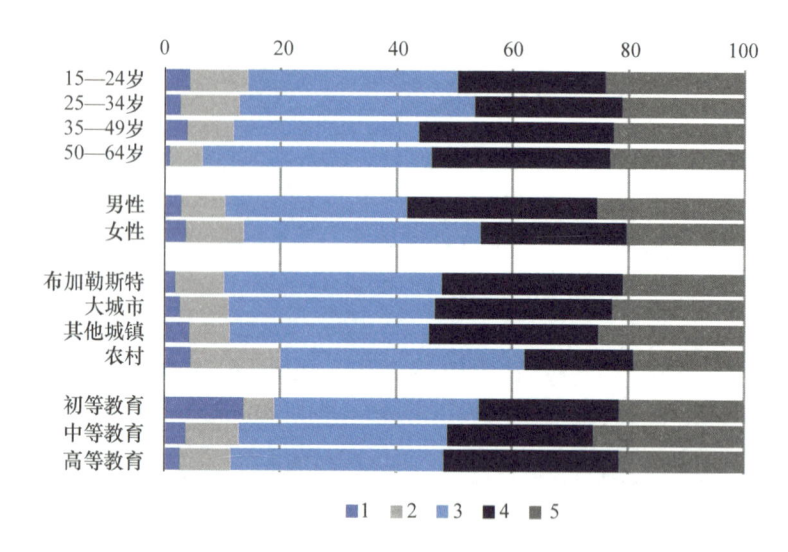

图93　如何看待未来5年旨在加强中国与贵国之间贸易和经济关系的"一带一路"倡议可能产生的影响？

1—完全没有影响　5—非常富有成效（答案分布,%）

资料来源：中国—中东欧研究院2018年秋季调查问卷。

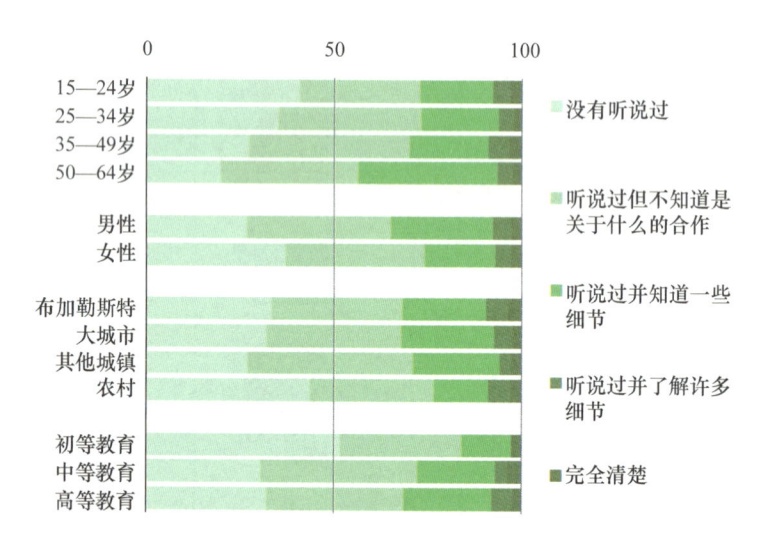

图94　你是否听说过中国与贵国参与的中国—中东欧国家（"16 + 1"）合作？（答案分布,%）

资料来源：中国—中东欧研究院2018年秋季调查问卷。

十六　塞尔维亚

塞尔维亚居民对中国过去两年经济发展的评估（转换为 -100 至 +100 的数值）为快速（+60），比 2017 年数值（+57）高，并且比中东欧 16 国平均值（+43）高，处于中东欧 16 国的第 3 位。按年龄组划分——30—39 岁，按性别划分——男性，按地区划分——城市地区的居民，按教育程度划分——受过中等教育人员的数值高于塞尔维亚的平均水平。

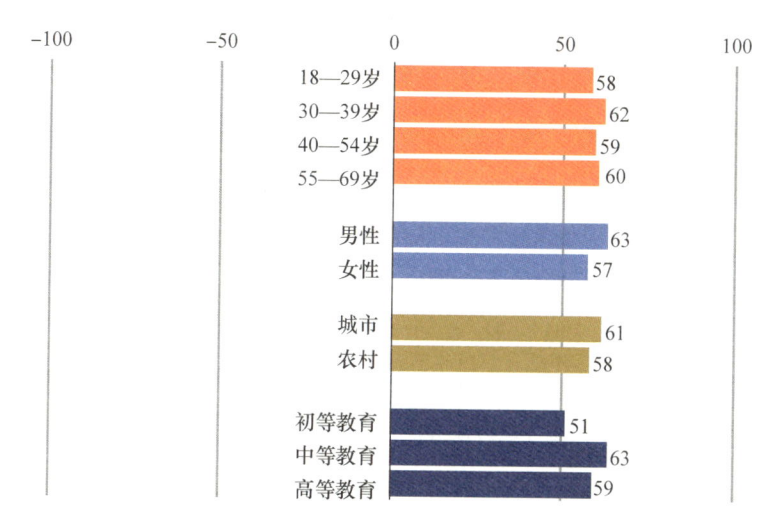

18—29 岁	58
30—39 岁	62
40—54 岁	59
55—69 岁	60
男性	63
女性	57
城市	61
农村	58
初等教育	51
中等教育	63
高等教育	59

-100—非常慢　+100—非常快（平均值）

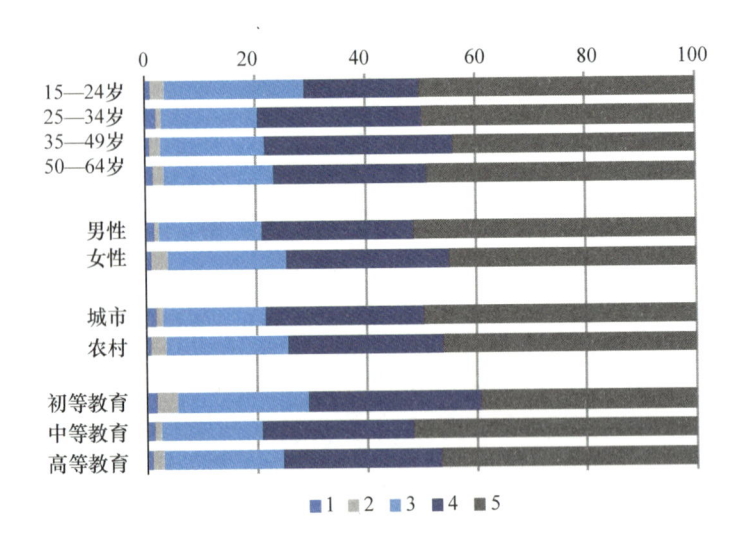

图 95　你如何评价过去两年中国的经济发展？

1—非常慢　5—非常快（答案分布,%）

资料来源：中国—中东欧研究院 2018 年秋季调查问卷。

根据塞尔维亚人的观点，中国在世界上的重要性在过去 5 年中有所改善，数值为 +61，2017 年为 +59，高于中东欧 16 国的平均值（+45），处于中东欧 16 国的第 3 位。按年龄组划分——30—39 岁和 55—69 岁，按性别划分——男性，按地区划分——城市地区的居民，按教育程度划分——受过中等和高等教育人员的数值高于塞尔维亚的平均水平。

塞尔维亚的居民评估中国与塞尔维亚之间的关系（转换为 -100 至 +100 的数值）为非常紧密（+51），2017 年为 +52。该数值远高于中东欧 16 国的平均值（+3），处于中东欧 16 国的第 1 位。按年龄组划分——55—69 岁，按性别划分——女性，按地区划分——农村，按教育程度划分——受过初等和中等教育人员的数值高于塞尔维亚的平均水平。

十六 塞尔维亚

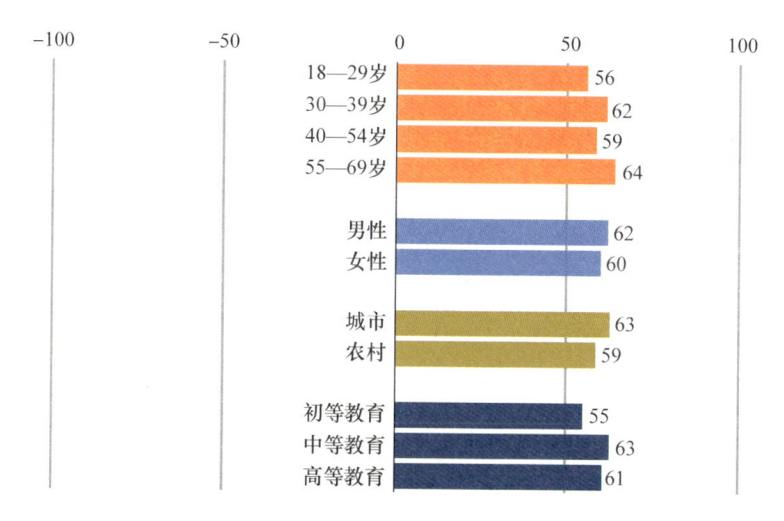

	值
18—29岁	56
30—39岁	62
40—54岁	59
55—69岁	64
男性	62
女性	60
城市	63
农村	59
初等教育	55
中等教育	63
高等教育	61

-100—严重恶化　+100—改善非常显著（平均值）

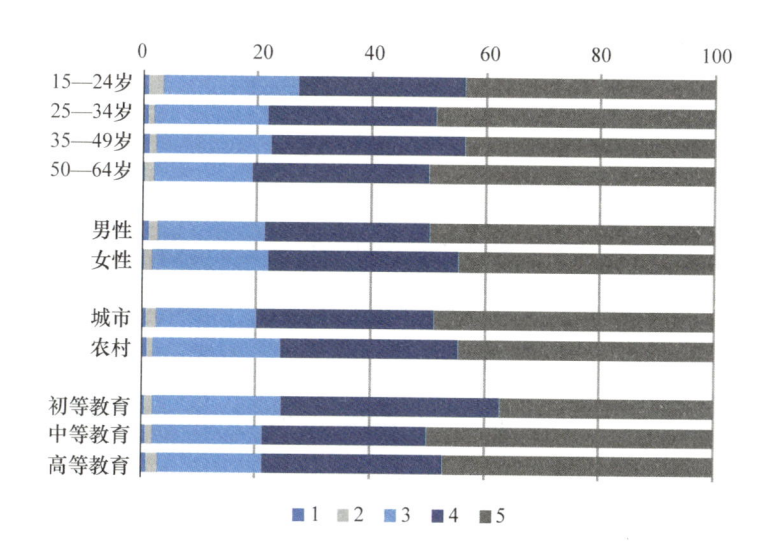

图 96　你如何评价中国最近 5 年在世界上重要性的变化？

1—严重恶化　5—改善非常显著（答案分布,%）

资料来源：中国—中东欧研究院 2018 年秋季调查问卷。

塞尔维亚人认为，旨在加强中国与塞尔维亚之间的贸易和经济关系的"一带一路"倡议在未来 5 年可能产生的影响非常积极

· 127 ·

下篇 国家报告

（+42），比2017年的数值（+31）还要高。另一方面，这个数值远高于中东欧16国的平均值（+16），处于中东欧16国的第1位。按年龄组划分——55—69岁，按地区划分——城市地区的居民，按教育程度划分——受过中等教育人员的数值高于塞尔维亚的平均水平。

	数值
18—29岁	40
30—39岁	45
40—54岁	48
55—69岁	59
男性	47
女性	54
城市	49
农村	52
初等教育	58
中等教育	52
高等教育	43

−100—非常松散　+100—非常紧密（平均值）

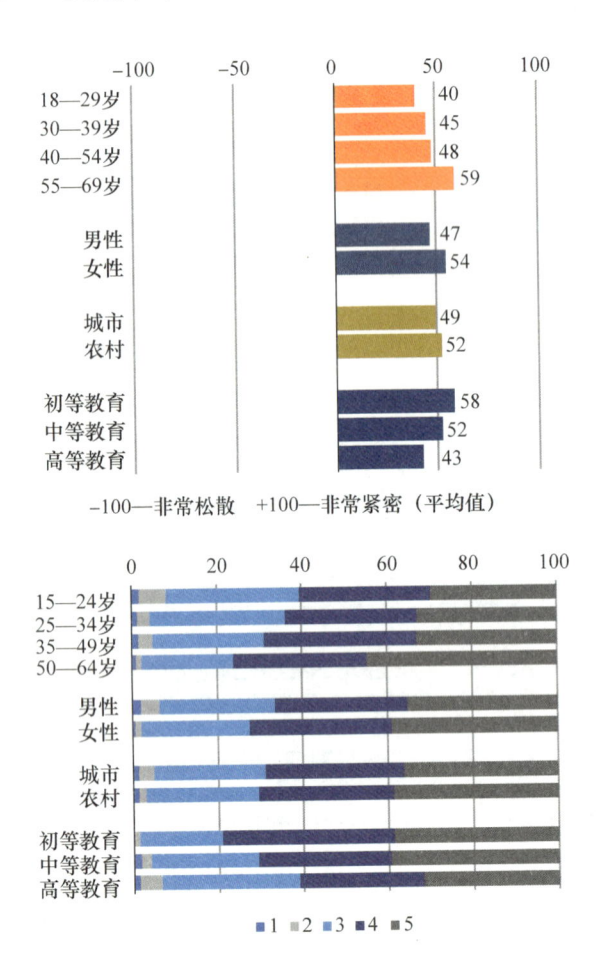

图97　你认为中国与塞尔维亚之间的关系有多紧密？
1—非常松散　5—非常紧密（答案分布,%）
资料来源：中国—中东欧研究院2018年秋季调查问卷。

十六 塞尔维亚

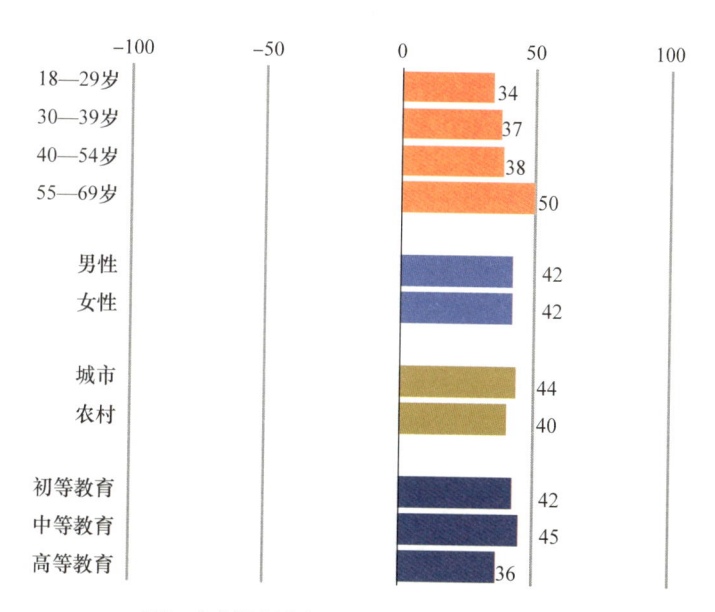

-100—完全没有影响 +100—非常富有成效（平均值）

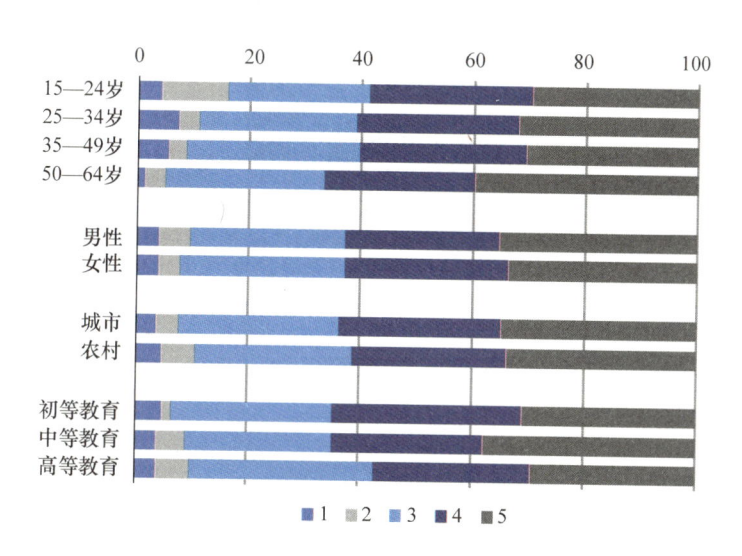

	值
18—29岁	34
30—39岁	37
40—54岁	38
55—69岁	50
男性	42
女性	42
城市	44
农村	40
初等教育	42
中等教育	45
高等教育	36

图98　如何看待未来5年旨在加强中国与贵国之间贸易和经济关系的"一带一路"倡议可能产生的影响？

1—完全没有影响　5—非常富有成效（答案分布,%）

资料来源：中国—中东欧研究院2018年秋季调查问卷。

下篇　国家报告

42%的塞尔维亚居民没有听说过中国与包括塞尔维亚在内的中国—中东欧国家合作（"16＋1"），另外58%（这部分按100%计算）的人中，50%已经听说过此项合作，但不知道具体是什么，而36%知道一些细节，9%知道很多细节，5%表明他/她完全清楚。

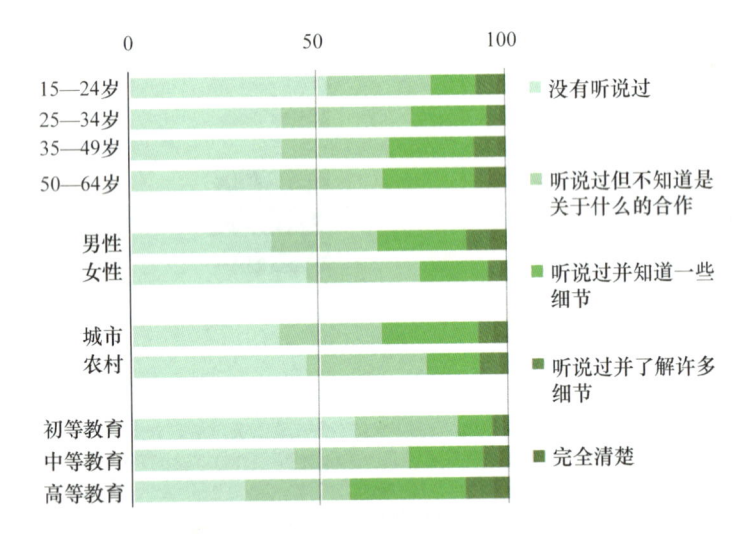

图99　你是否听说过中国与贵国参与的中国—中东欧国家（"16＋1"）合作？（答案分布,%）

资料来源：中国—中东欧研究院2018年秋季调查问卷。

十七　斯洛伐克

斯洛伐克居民对过去两年中国经济发展的评估（转换为－100至＋100的数值）为快速（＋44），比2017年的数值（＋42）高，也比中东欧16国的平均值高一些（＋43），处于中东欧16国的第6位。按年龄组划分——40—54岁和55—69岁，按性别划分——男性，按地区划分——布拉迪斯拉发和大城市的居民，按教育程度划分——受过高等教育人员的数值高于斯洛伐克平均值。

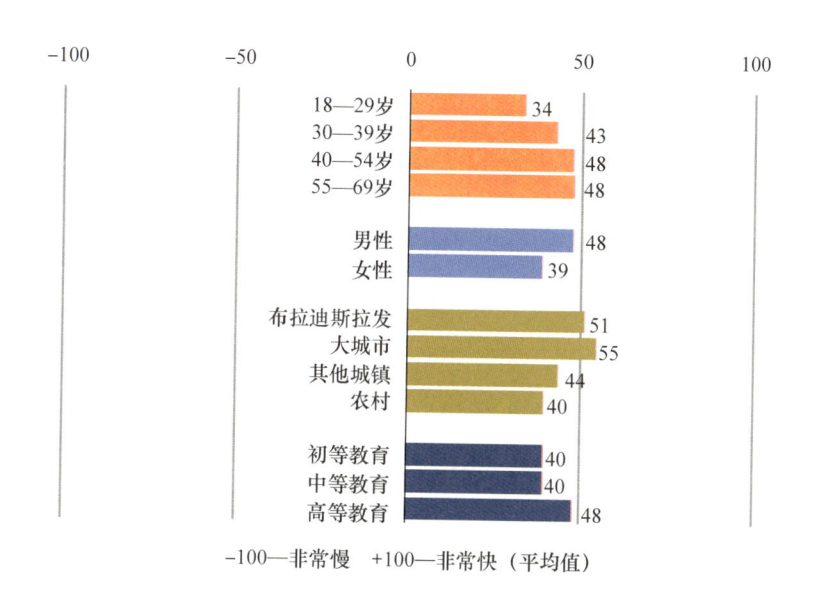

	数值
18—29岁	34
30—39岁	43
40—54岁	48
55—69岁	48
男性	48
女性	39
布拉迪斯拉发	51
大城市	55
其他城镇	44
农村	40
初等教育	40
中等教育	40
高等教育	48

－100—非常慢　＋100—非常快（平均值）

下篇　国家报告

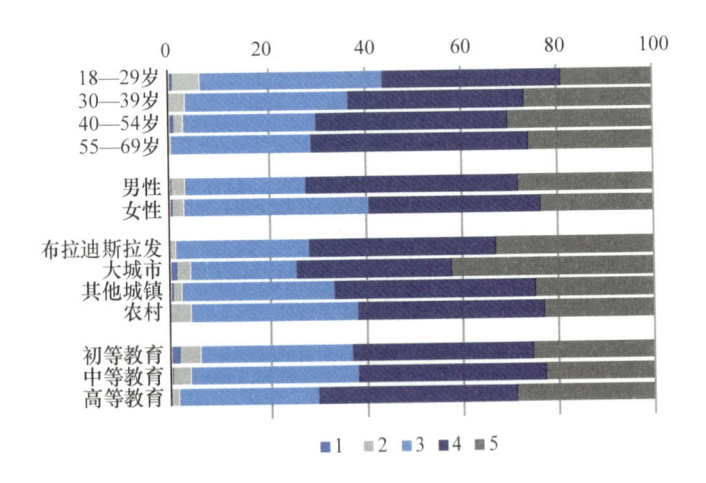

图100　你如何评价过去两年中国的经济发展？

1—非常慢　5—非常快（答案分布,%）

资料来源：中国—中东欧研究院2018年秋季调查问卷。

根据斯洛伐克居民的意见，在过去5年中，中国在世界上的重要性有所改善，数值为+51，2017年数值为+52，高于中东欧16国的平均值（+45），处于中东欧16国的第5位。按年龄组划分——40—54岁和55—69岁，按性别划分——男性，按地区划分——大城市居民，按教育程度划分——受过高等教育人员的数值高于斯洛伐克的平均值。

斯洛伐克的居民评估中国与斯洛伐克之间的关系（转换为-100至+100的数值）为松散（-6），2017年数值为-9。该数值低于中东欧16国的平均值（+3），处于中东欧16国的第12位。按年龄组划分——18—29岁和30—39岁，按性别划分——男性，按地区划分——大城市、其他城镇和布拉迪斯拉发的居民，按受教育程度划分——受过高等教育人员的数值低于斯洛伐克平均水平。

十七　斯洛伐克

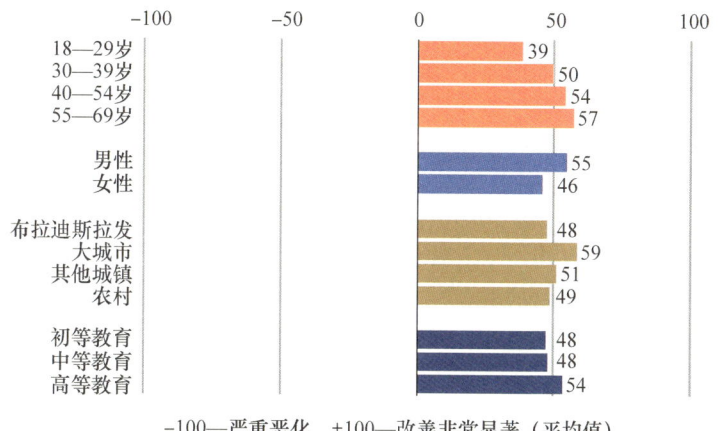

18—29岁	39
30—39岁	50
40—54岁	54
55—69岁	57
男性	55
女性	46
布拉迪斯拉发	48
大城市	59
其他城镇	51
农村	49
初等教育	48
中等教育	48
高等教育	54

−100—严重恶化　+100—改善非常显著（平均值）

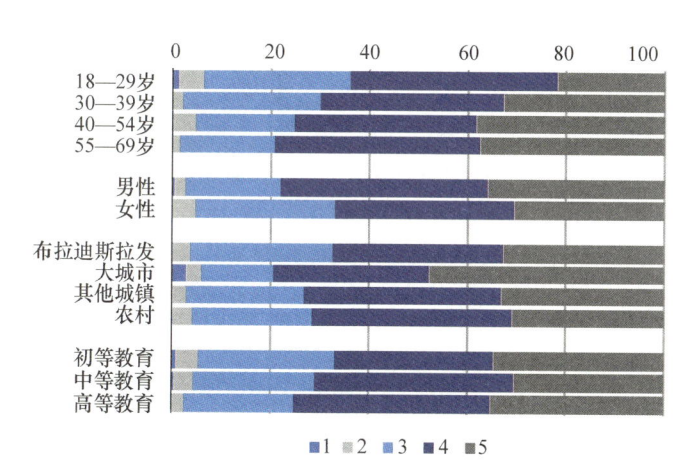

■1　■2　■3　■4　■5

图 101　你如何评价中国最近 5 年在世界上重要性的变化？

1—严重恶化　5—改善非常显著（答案分布，%）

资料来源：中国—中东欧研究院 2018 年秋季调查问卷。

斯洛伐克居民对于旨在加强中国与斯洛伐克之间的贸易和经济关系的"一带一路"倡议在未来 5 年可能产生的影响的评估为积极（+24），比 2017 年数值（+20）要高。该数值还高于中东欧 16 国平均值（+16），处于中东欧 16 国的第 5 位。按年龄组划分——40—54 岁和 55—69 岁，按性别划分——男性，按地区划分——其他

· 133 ·

下篇 国家报告

城镇的居民，按教育程度划分——受过高等教育人员的数值高于斯洛伐克的平均水平。

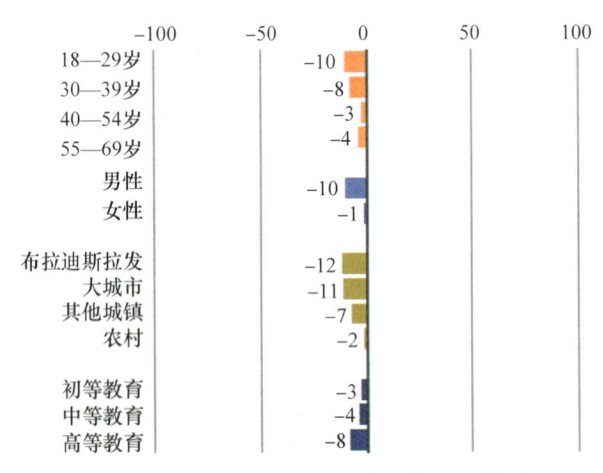

	数值
18—29岁	-10
30—39岁	-8
40—54岁	-3
55—69岁	-4
男性	-10
女性	-1
布拉迪斯拉发	-12
大城市	-11
其他城镇	-7
农村	-2
初等教育	-3
中等教育	-4
高等教育	-8

-100—非常松散　+100—非常紧密（平均值）

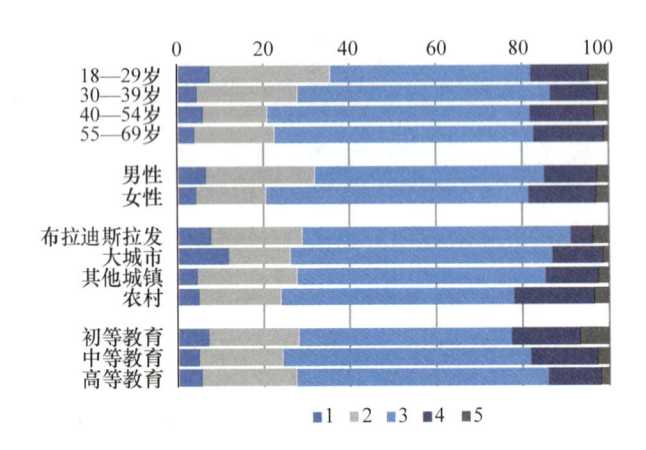

图102　你认为中国与斯洛伐克之间的关系有多紧密？
1—非常松散　5—非常紧密（答案分布,%）
资料来源：中国—中东欧研究院2018年秋季调查问卷。

十七　斯洛伐克

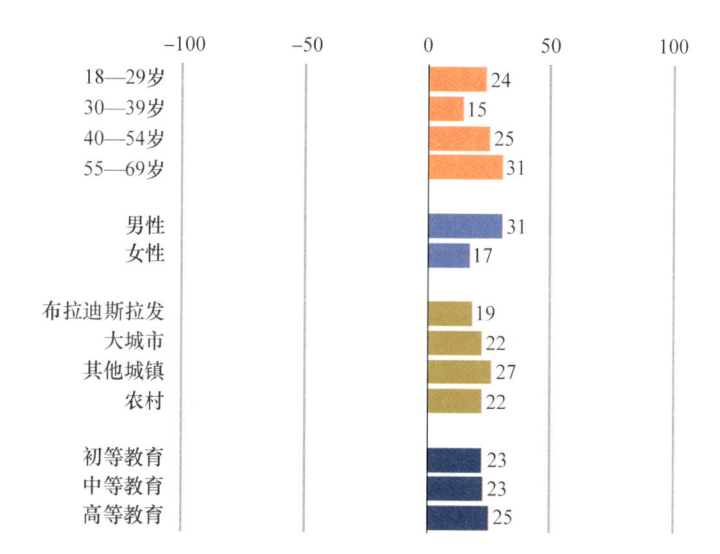

	值
18—29岁	24
30—39岁	15
40—54岁	25
55—69岁	31
男性	31
女性	17
布拉迪斯拉发	19
大城市	22
其他城镇	27
农村	22
初等教育	23
中等教育	23
高等教育	25

−100—完全没有影响　+100—非常富有成效（平均值）

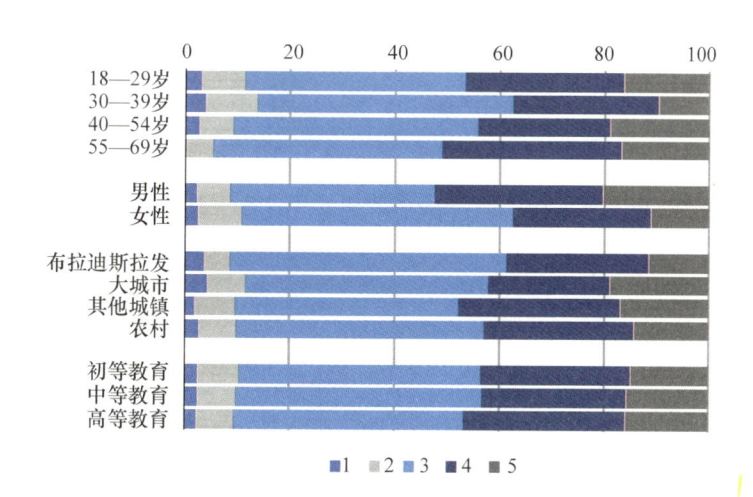

■1　■2　■3　■4　■5

图103　如何看待未来5年旨在加强中国与贵国之间贸易和经济关系的"一带一路"倡议可能产生的影响？

1—完全没有影响　5—非常富有成效（答案分布,%）

资料来源：中国—中东欧研究院2018年秋季调查问卷。

41%的斯洛伐克人没有听说过中国与包括斯洛伐克在内的中东

下篇　国家报告

欧国家（"16 + 1"）之间的合作。另外59%（这部分按100%计算）中，69%已经听说过此项合作，但不知道具体是什么，而24%知道一些细节，5%知道很多细节，只有2%表示他/她完全清楚。

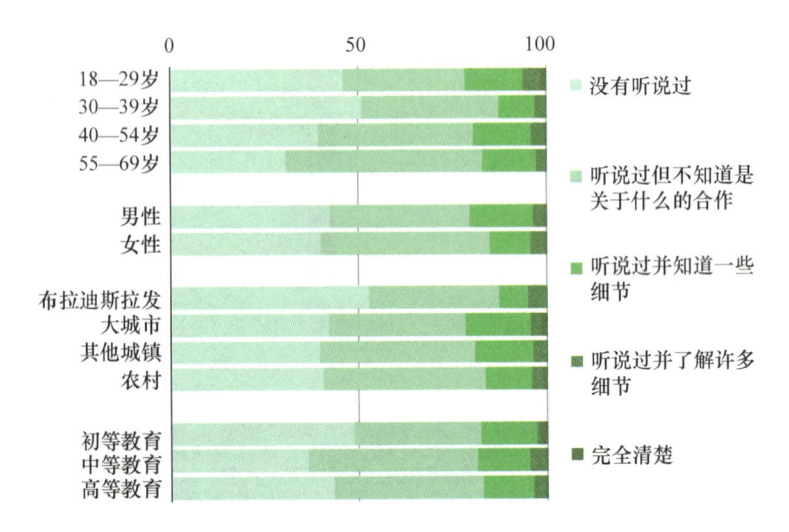

图104　你是否听说过中国与贵国参与的中国—中东欧国家（"16 + 1"）合作？（答案分布,%）

资料来源：中国—中东欧研究院2018年秋季调查问卷。

十八　斯洛文尼亚

斯洛文尼亚的居民对过去两年中国经济发展的评估（转换为-100至+100的数值）为非常快（+62），与2017年数值（+61）相比还要有所改善。比中东欧16国平均值（+43）高出很多，处于中东欧16国的第2位。按年龄组划分——40—54岁和55—69岁，按性别划分——男性，按地区划分——大城市和卢布尔雅那的居民，按教育程度划分——受过中等和高等教育人员的数值高于斯洛文尼亚的平均水平。

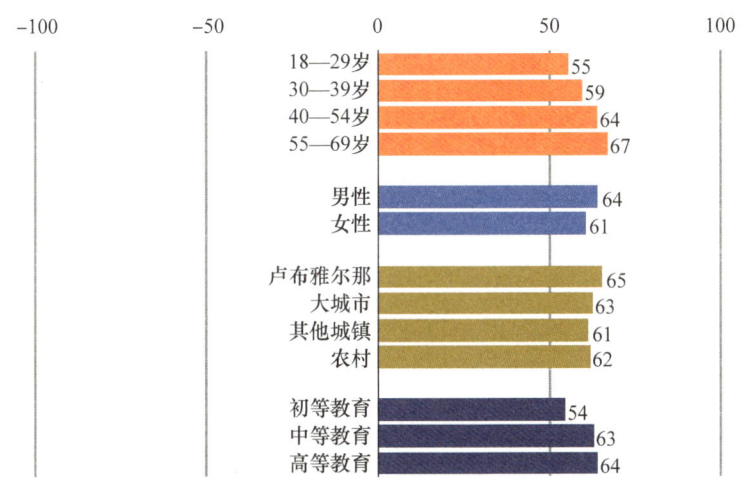

18—29岁	55
30—39岁	59
40—54岁	64
55—69岁	67
男性	64
女性	61
卢布雅尔那	65
大城市	63
其他城镇	61
农村	62
初等教育	54
中等教育	63
高等教育	64

-100—非常慢　+100—非常快（平均值）

下篇　国家报告

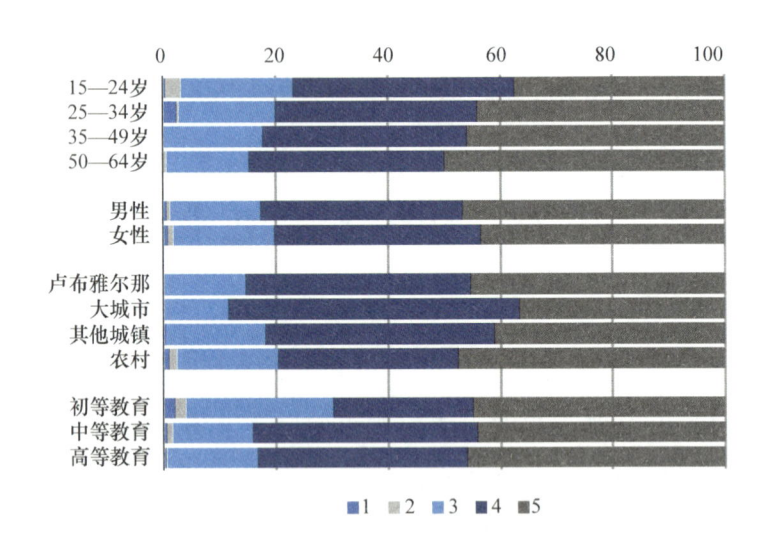

图 105　你如何评价过去两年中国的经济发展？

1—非常慢　5—非常快（答案分布,%）

资料来源：中国—中东欧研究院 2018 年秋季调查问卷。

斯洛文尼亚人认为，过去 5 年中国在世界上的重要性有所改善（+63），与 2017 年相比没有变化，高于中东欧 16 国的平均水平（+45），处于中东欧 16 国的第 2 位。按年龄组划分——40—54 岁和 55—69 岁，按性别划分——男性，按地区划分——其他城镇的居民，按受教育程度划分——受过中等和高等教育人员的数值高于斯洛文尼亚的平均值。

斯洛文尼亚的居民评估中国和斯洛文尼亚之间的关系（转换为 -100 至 +100 的数值）为稍微松散（-2），2017 年数值为 -5。该数值低于中东欧 16 国的平均值（+3），处于中东欧 16 国的第 11 位。按年龄组划分——18—29 岁、40—54 岁和 55—69 岁，按性别划分——男性，按地区划分——大城市和卢布尔雅那的居民，按教育程度划分——受过高等教育人员的数值低于斯洛文尼亚的平均水平。

十八 斯洛文尼亚

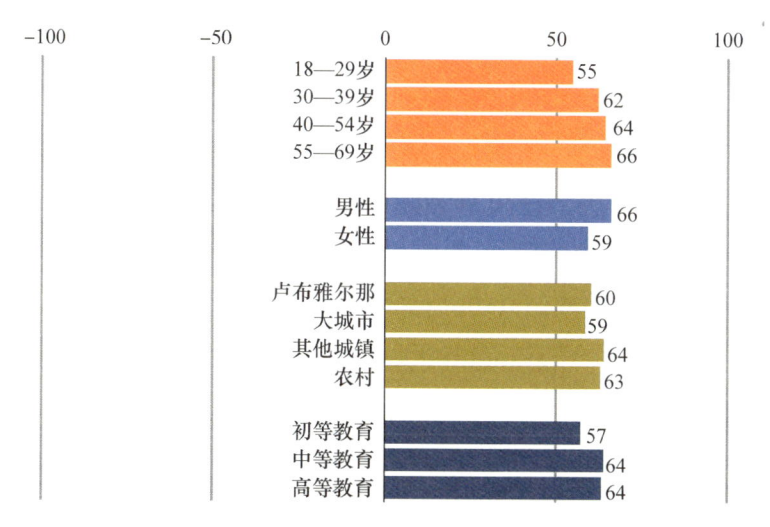

	值
18—29岁	55
30—39岁	62
40—54岁	64
55—69岁	66
男性	66
女性	59
卢布雅尔那	60
大城市	59
其他城镇	64
农村	63
初等教育	57
中等教育	64
高等教育	64

−100—严重恶化　+100—改善非常显著（平均值）

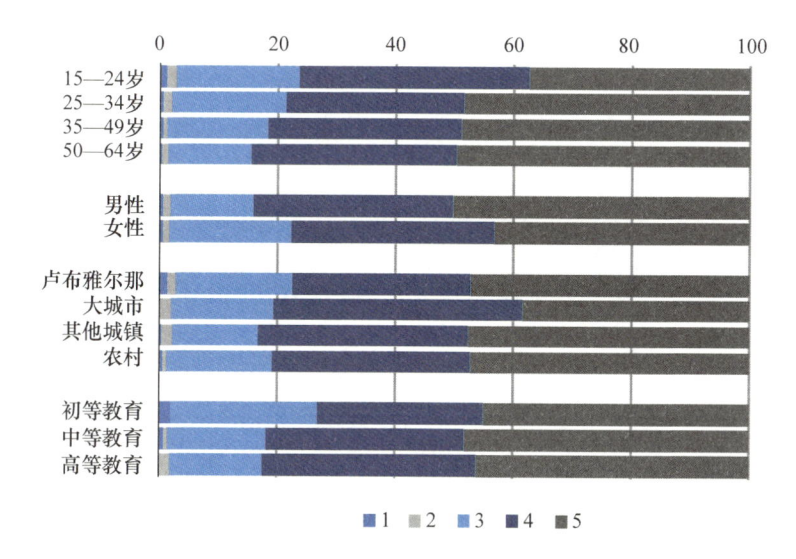

■1 ■2 ■3 ■4 ■5

图106　你如何评价中国最近5年在世界上重要性的变化？

1—严重恶化　5—改善非常显著（答案分布,%）

资料来源：中国—中东欧研究院2018年秋季调查问卷。

斯洛文尼亚人对旨在加强中国与斯洛文尼亚之间贸易和经济关

· 139 ·

下篇　国家报告

系的"一带一路"倡议在未来5年可能产生的影响的评估为将取得积极成果（+12），2017年数值为+13。而另一方面，该数值低于中东欧16国平均值（+16），处于中东欧16国的第9位。按年龄组划分——18—29岁和30—69岁，按性别划分——男性，按地区划分——卢布尔雅那和农村地区的居民，按教育程度划分——受过高等教育人员的数值高于斯洛文尼亚的平均值。

　　37%的斯洛文尼亚人没有听说过中国与包括斯洛文尼亚在内的中东欧国家（"16+1"）之间的合作。另外63%（这部分按100%计算）的人中，62%已经听说过此项合作，但不知道具体是什么，而30%知道一些细节，4%知道很多细节，5%表明他/她完全清楚。

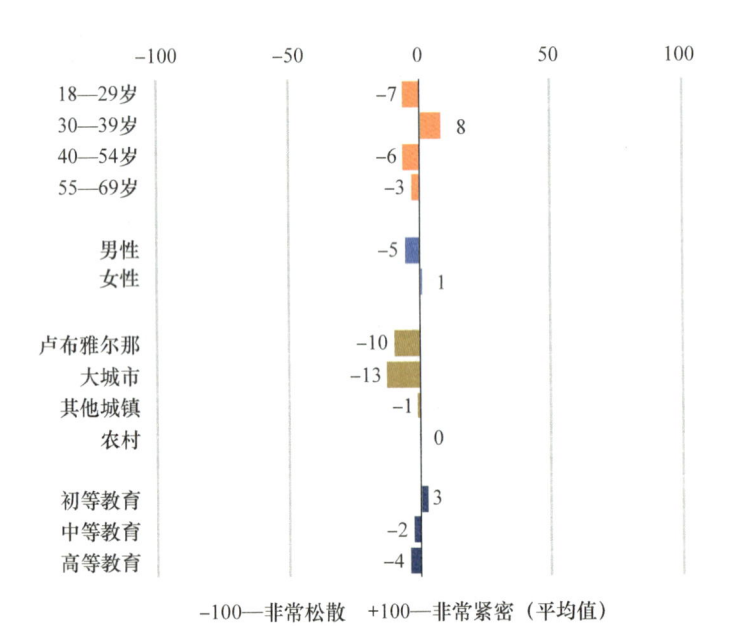

18—29岁	-7
30—39岁	8
40—54岁	-6
55—69岁	-3
男性	-5
女性	1
卢布雅尔那	-10
大城市	-13
其他城镇	-1
农村	0
初等教育	3
中等教育	-2
高等教育	-4

-100—非常松散　+100—非常紧密（平均值）

十八 斯洛文尼亚

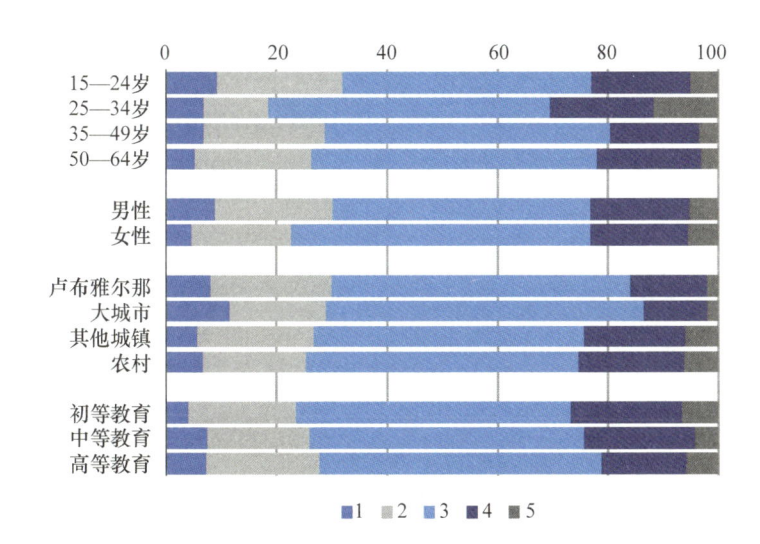

图 107 你认为中国与斯洛文尼亚之间的关系有多紧密？

1—非常松散　5—非常紧密（答案分布,%）

资料来源：中国—中东欧研究院 2018 年秋季调查问卷。

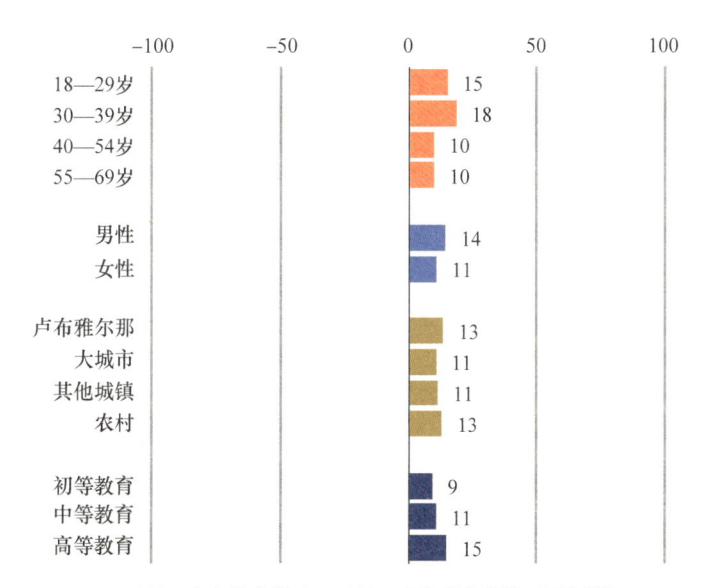

−100—完全没有影响　+100—非常富有成效（平均值）

下篇　国家报告

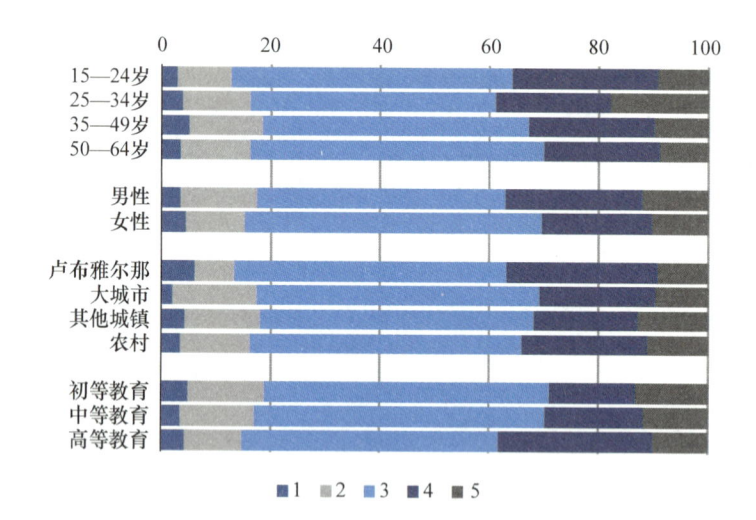

图108　如何看待未来5年旨在加强中国与贵国之间贸易和经济关系的"一带一路"倡议可能产生的影响？

1—完全没有影响　5—非常富有成效（答案分布,%）

资料来源：中国—中东欧研究院2018年秋季调查问卷。

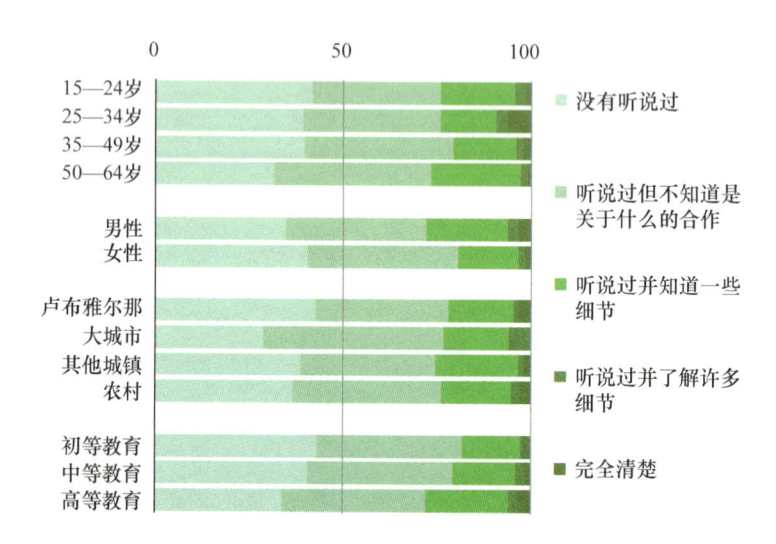

图109　你是否听说过中国与贵国参与的中国—中东欧国家（"16 + 1"）合作？（答案分布,%）

资料来源：中国—中东欧研究院2018年秋季调查问卷。

附录 技术报告

一　爱沙尼亚

总人口（16—74岁居民人数）

抽样框架：性别、年龄、民族、宗教、居住地

	加权前样本中的受访者数量（%）	加权后样本中的受访者数量（%）	统计（%）
总计	100	100	100
性别*			
男性	46.3	48.5	48.5
女性	53.7	51.5	51.5
年龄*			
16—24岁	8.1	11.9	11.9
25—34岁	18.9	19.8	19.8
35—49岁	32.5	28.1	28.1
50—64岁	27.7	26.6	26.6
65—74岁	12.9	13.6	13.6
民族*			
立陶宛族	75.2	67.5	67.1
其他民族	24.8	32.5	32.5
宗教*			
塔林	30.8	33.1	33.1
爱沙尼亚北部和西部	25.9	27.9	27.9

续表

	宗教*		
塔尔图地区和爱沙尼亚南部	25.4	23.9	23.9
维鲁省	17.8	15.1	15.1
	居住地*		
塔林	30.8	33.1	33.1
大城市	14.3	16.7	16.7
其他城镇	25.0	17.1	17.1
农村地区	29.8	33.1	33.1

	FIELD WORK REPORT	
Survey	Cawibus induding INHABITANT'S SURVEY ON KNOWLEDGE OF INFLUENCE OF CHINA ON WORLD'S ECONOMIC AND COLLABORATION WITH ESTONIA	
TIme:	16.08.2018—22.08.2018	
Method:	CAVVI (Computer Assisted Web lnterviews)	
Place:	Estonia	
Sample:	Web sample from Kantar Emor's panel	
Number of Interviews	a) planned	1000
	b) actual	1153
Contacts with potential respondent		
1) full interviews		1153
2) intervews did not happen because of:		
	respondent's refusal	43
	interrupted intervew-responder's refusal to continue the interiew	98
	respondent cannot be ecountered during the field work	3839
	does not correspond to the target group (age, does not live in the country) /quota full	2

续表

		reminders sent	989
Number of sendouts: 5224			
Average length of interview (in minutes):			215

二　拉脱维亚

总人口

16—74岁居民总数：157.2765万

抽样框架：性别、年龄、民族、地区、居住地

达到的样本与总人口统计数据比较—拉脱维亚

	加权前样本中的受访者数量（%）	加权后样本中的受访者数量（%）	统计（%）
总计	100	100	100
性别*			
男	48.2	48.1	48.1
女	51.8	51.9	51.9
年龄*			
16—24岁	10.4	11.2	11.2
25—34岁	20.7	20.3	20.3
35—44岁	19.1	18.6	18.6
45—54岁	18.9	18.7	18.7
55—64岁	18.1	18.4	18.4
65—74岁	12.7	12.9	12.9
民族*			
拉脱维亚族	60.3	59.0	59.0
俄罗斯族	26.5	28.0	28.0

续表

民族*			
其他民族	13.2	13.0	13.0
地区*			
里加	33.8	33.3	33.3
皮耶里加	18.7	18.5	18.5
维德泽默	9.7	9.7	9.7
库泽默	12.0	12.6	12.6
泽姆加里	11.7	11.9	11.9
拉特加勒	14.1	14.1	14.1
居住地*			
首都	33.8	33.3	33.3
其他城镇	36.2	35.2	35.2
农村地区	30.0	31.5	31.5

资料来源：拉脱维亚公民和移民事务管理局（OCMA）2018年1月1日数据。

		FIELD WORK REPORT	
Survey		5166 INHABITANT'S SURVEY ON KNOWLEDGE OF CHINA ON WORLD'S ECONOMIC AND COLLABORATION WITH LATVIA	
Time：		16.08.2018—22.08.2018	
Method：		CATI（Computer Assisted Telephone Interviews）	
Place：		whole Latvia	
Sample：		Random sample	
Number of Interviews		a) planned	1000
		b) actual	1015
Contacts with potential respondent			4403
1) full interviews			1003
2) interviews did not happen because of			3400
		respondent's refusal	1701
		interrupted interview-responder's refusal to continue the interview	48

续表

	agreernent to postpone the intervievv, repeatedly postponed interview	631
	respondent cannot be ecountered during the field work	107
	does not correspond to the target group (age, does not live in the country) /quota full	908
	Is already surveyed in this project (flxed line or mobile)	5
Number of used numbers:		
	Does not pick up	2590
	Automatic answering machine, fax or modem	1277
	Line is bussy	321
	No addressee, closed line	14090
	Uncorrect telephone number, office	91
	Damaged line, bad connection	49
Average length of interview (in minutes):		486
Number of interviewers		34

三 立陶宛

总人口

16—74岁居民总数：208.4802万

样本框架：性别、年龄、民族、地区、居住地

达到的样本与总人口统计数据比较—立陶宛

	加权前样本中的受访者数量（%）	加权后样本中的受访者数量（%）	统计（%）
总计	100	100	100
性别*			
男	46.8	47.3	47.3
女	53.2	52.7	52.7
年龄*			
16—24岁	13.7	13.6	13.6
25—34岁	17.4	17.8	17.8
35—44岁	16.9	16.5	16.5
45—54岁	20.0	19.6	19.6
55—64岁	18.6	19.3	19.3
65—74岁	13.4	13.2	13.2
民族*			
立陶宛族	91.4	86.8	86.8
俄罗斯族	3.0	4.6	4.6

附录　技术报告

续表

	民族*		
其他民族	5.6	8.6	8.6
	地区*		
维尔纽斯	19.9	19.5	19.5
考纳斯	10.5	10.2	10.2
克莱佩达	4.8	5.2	5.2
希奥利艾	3.5	3.6	3.6
帕涅韦日斯	3.0	3.2	3.2
维尔纽斯区	9.3	9.3	9.3
考纳斯区	9.5	9.8	9.8
克莱佩达区	5.7	6.0	6.0
希奥利艾区	6.1	5.9	5.9
帕涅韦日斯区	4.2	4.6	4.6
阿利图斯区	4.7	4.9	4.9
马里扬泊列区	5.3	5.0	5.0
陶拉格区	3.6	3.4	3.4
特尔希艾区	5.1	4.8	4.8
乌田纳区	4.8	4.6	4.6
	居住地*		
首都	19.9	19.6	19.6
其他城镇	57.8	47.5	47.5
农村地区	22.3	32.9	32.9

资料来源：立陶宛统计局。

	FIELD WORK REPORT	
Survey	TNS LV：socio econ political issues 2018	
TIme：	2018.08.17—2018.09.03	
Method：	CATI	
Place：	whole Lithuania	

续表

Sample:		Random sample	
Number of Interviews		a) planned	1000
		b) actual	1000
Contacts with potential respondent			
1) full interviews			1000
2) interviews did not happen because of:			
		respondent's refusal	1680
		interrupted interview-respondent's refusal to continue the interview	143
		agreement to postpone the interview, repeatedly postponed interview	120
		respondent cannot be ecountered during the field work	116
		quota full	24
		does not correspond to the target group (age, does not live in the country)	426
		Is already surveyed in this project (fixed line or mobile)	2
Number of used numbers:			
	Does not pick up		4501
	Automatic answering machine, fax or modem		802
	Line is bussy		
	Office		
	No addressee, closed line		9174
	Damaged line, bad connection		1559
Average length of interview (in minutes):			66
Number of interviewers			26

四　匈牙利

总人口

18 岁以上居民总数：814.2665 万

样本框架：性别、地区、居住地

达到的样本与总人口统计数据比较—匈牙利

	加权前样本中的受访者数量（%）	加权后样本中的受访者数量（%）	统计（%）
总计	100	100	100
性别*			
男性	47.0	46.6	46.63
女性	53.0	53.4	53.37
年龄*			
18—29 岁	18.6	18.1	18.12
30—39 岁	19.4	19.4	19.42
40—49 岁	15.6	16.2	16.16
50—59 岁	17.8	17.7	17.67
60 岁以上	28.6	28.6	28.63
地区*			
匈牙利中部地区	29.7	30.1	30.03
外多瑙中部地区	10.4	10.9	10.91
外多瑙西部地区	10.9	10.0	10.03

续表

地区*			
外多瑙南部地区	10.2	9.4	9.44
匈牙利北部地区	11.4	11.8	11.85
大平原北部地区	14.7	14.6	14.64
大平原南部地区	12.7	13.1	13.10
居住地**			
首都	18.0	18.1	18.12
县城	19.5	17.9	17.89
其他城镇	32.9	35.0	34.96
大都市	29.6	29.0	29.03

资料来源：匈牙利中央统计局2011年人口数据。

五　斯洛伐克、捷克、罗马尼亚、斯洛文尼亚、希腊、白俄罗斯、保加利亚

Method	Online survey（CAW）			
Sample pool	Omline access panel			
Sampling method	Quota-random			
Field date	From 4. To 20. September 2018.			
	Started	Screen-out	Quota full	Timed-out	Completes
Slovakia	1670	7	640	22	1001
Czech Republic	2009	17	960	31	1001
Romania	1526	21	483	18	1004
Slovenia	1150	40	88	21	1001
Greece	1999	11	958	30	1000
Belarus	1150	3	92	54	1001
Bulgaria	1271	24	222	23	1002

五　斯洛伐克、捷克、罗马尼亚、斯洛文尼亚、希腊、白俄罗斯、保加利亚

Quota and sample Quota						
Country * Gender * Age Count						
		18—29	30—39	40—54	55—69
1 Slovakia	Male	114	117	146	121
	Female	109	111	144	138
2 Czech Republic	Male	101	112	156	133
	Female	98	106	149	145
3 Romania	Male	140	127	128	62
	Female	146	151	184	62
4 Slovenia	Male	95	109	163	144
	Female	89	99	155	146
5 Greece	Male	92	107	166	131
	Female	91	108	166	139
6 Belorussia	Male	118	110	142	108
	Female	113	110	155	144
7 Bulgaria	Male	95	104	161	139
	Female	89	97	155	160
Country * Region n =					
1 Slovakia	Valid	101 Bratislavský kraj	116		
		102 Západné Slovensko (Trnavský kraj, Trenčiansky kraj, Nitriansky kraj)	347		
		103 Stredné Slovensko (Žilinský kraj, Banskobystrický kraj)	243		
		104 Východné Slovensko (Prešovský kraj, Košický kraj)	294		

附录 技术报告

续表

2 Czech Republic	Valid	201 Praha	126		
		202 Středočeský	118		
		203 Jihočceský	62		
		204 Plzeňský	55		
		205 Karlovarský	29		
		206 Ústecký	75		
		207 Liberecký	38		
		208 Královéhradecký	52		
		209 Pardubický	50		
		210 Vysočina	50		
		211 Jihomoravský	112		
		212 Olomoucký	61		
		213 Zlínský	55		
		214 Moravskoslezský	117		
3 Romania	Valid	301 Nord-Vest (Bihor, Bistriţa-Năsăud, Cluj, Maramureş, Satu Mare, Sălaj)	208		
		302 Centru (Alba, Braşov, Covasna, Harghita, Mureş, Sibiu)	62		
		303 Nord – Est (Bacău, Botoşani, Iaşi, Neamţ, Suceava, Vaslui)	119		
		304 Sud-Est (Brăila, Buzău, Constanţa, Galaţi, Tulcea, Vrancea)	128		
		305 Sud-Muntenia (Argeş, Călăraşi, Dâmboviţa, Giurgiu, Ialomiţa, Prahova, Teleorman)	116		
		306 Bucureşti-Ilfov (Bucharest, Ilfov)	195		

五　斯洛伐克、捷克、罗马尼亚、斯洛文尼亚、希腊、白俄罗斯、保加利亚 ◈

续表

		307 Sud-Vest Oltenia (Dolj, Gorj, Mehedinți, Olt, Vâlcea)	79		
		308 Vest (Arad, Caraș-Severin, Hunedoara, Timiș)	93		
4 Slovenia	Valid	401 Vzhodna Slovenija (Mura, Drava, Carinthia, Savinja, Central Sava, Lower Sava, Southeast Slovenia, and Inner Carniola-Kar)	531		
		402 Zahodna Slovenija (Central Slovenia, Upper Carniola, Gorizia, and Coastal - Karst)	469		
5 Greece	Valid	501 North Aegean	28		
		502 Attica	400		
		503 Crete	56		
		504 Epirus and Western Macedonia	56		
		505 Eastern Macedonia and Thrace, Central Macedonia	264		
		506 Peloponnese, West Greece and Ionian Island	98		
		507 Thessaly and Central Greece	98		
6 Belorussia	Valid	601 Brest Region	123		
		602 Gomel Region	126		
		603 Grodno Region	123		
		604 Minsk City	269		
		605 Minsk Region	117		
		606 Mogilev Region	104		

续表

		607 Vitebsk Region	139		
7 Bulgaria	Valid	701 North Central	112		
		702 North-East	135		
		703 North-West	108		
		704 South Central	203		
		705 South-East	147		
		706 South-West	295		

Unweighted sample

Country * Gender * Age

Count

		18—29	30—39	40—54	55—69
1 Slovakia	Male	108	119	147	121
	Female	110	111	146	138
2 Czech Republic	Male	94	108	151	135
	Female	99	112	181	145
3 Romania	Male	139	129	129	62
	Female	148	112	150	62
4 Slovenia	Male	93	108	163	144
	Female	89	98	159	146
5 Greece	Male	99	115	165	124
	Female	105	128	159	105
6 Belorussia	Male	107	163	168	39
	Female	165	196	134	29
7 Bulgaria	Male	95	94	166	141
	Female	90	99	155	160

五 斯洛伐克、捷克、罗马尼亚、斯洛文尼亚、希腊、白俄罗斯、保加利亚

续表

	Country * Region				
	n =				
	1 Slovakia	Valid	101 Bratislavský kraj	116	
			102 Západné Slovensko (Trnavský kraj, Trenčsiansky kraj, Nitriansky kraj)	347	
			103 Stredné Slovensko (Žilinský kraj, Banskobystrický kraj)	243	
			104 Východné Slovensko (Prešovský kraj, Košický kraj)	294	
	2 Czech Republic	Valid	201 Praha	126	
			202 Středočeský	118	
			203 Jihočceský	62	
			204 Plzeňský	75	
			207 Liberecký	38	
			208 Králověhradecký	52	
			209 Pardubicky	50	
			210 Vysočina	50	
			211 Jihomoravský	112	
			212 Olomoucký	61	
			213 Zlínský	55	
			214 Moravskoslezský	117	
	3 Romania	Valid	301 Nord-Vest (Bihor, Bistriţa-Năsăud, Cluj, Maramureş, Satu Mare, Sălaj)	208	
			302 Centru (Alba, Braşov, Covasna, Harghita, Mureş, Sibiu)	62	

附录 技术报告

续表

			303 Nord-Est (Bacău, Botoşani, Iaşi, Neamţ, Suceava, Vaslui)	119	
			304 Sud-Est (Brăila, Buzău, Constanţa, Galaţi, Tulcea, Vrancea)	128	
			305 Sud-Muntenia (Arg- eş, Călăraşi, Dâmboviţa, Giurgiu, Ialomiţa, Prahova, Teleorman)	116	
			306 Bucureşti-Ilfov (B-ucharest, Ilfov)	195	
			307 Sud-Vest Oltenia (Dolj, Gorj, Mehedinţi, Olt, Vâlcea)	79	
			308 Vest (Arad, Caraş-Severin, Hunedoara, Timiş)	93	
	4 Slovenia	Valid	401 Vzhodna Slovenija (Mura, Drava, Carinthia, Savinja, Central Sava, Lower Sava, Southeast Slovenia, and Inner Carniola-Kar)	531	
			402 Zahodna Slovenija (Central Slovenia, Upper Carniola, Gorizia, and Coastal - Karst)	469	
	5 Greece	Valid	501 North Aegean	28	
			502 Attica	400	
			503 Crete	56	

五 斯洛伐克、捷克、罗马尼亚、斯洛文尼亚、希腊、白俄罗斯、保加利亚

续表

			504 Epirus and Western Macedonia	56	
			505 Eastern Macedonia and Thrace, Central Macedonia	264	
			506 Peloponnese, West Greece and Ionian Island	98	
			507 Thessaly and Central Greece	98	
	6 Belorussia	Valid	601 Brest Region	123	
			602 Gomel Region	126	
			603 Grodno Region	123	
			604 Minsk City	269	
			605 Minsk Region	117	
			606 Mogilev Region	104	
			607 Vitebsk Region	139	
	7 Bulgaria	Valid	701 North Central	112	
			702 North-East	135	
			703 North-West	108	
			704 South Central	203	
			705 South-East	147	
			706 South-West	295	

Weighted sample					
Country * Gender * Age Count					
		18—29	30—39	40—54	55—69

◆ 附录 技术报告

续表

1 Slovakia	Male	114	117	146	121
	Female	109	111	144	138
2 Czech Republic	Male	101	112	156	133
	Female	98	106	149	145
3 Romania	Male	140	127	128	62
	Female	146	151	184	62
4 Slovenia	Male	95	109	163	144
	Female	89	99	155	146
5 Greece	Male	92	107	166	131
	Female	91	108	166	139
6 Belorussia	Male	118	110	142	108
	Female	113	110	155	144
7 Bulqaria	Male	95	104	161	139
	Female	89	97	155	160

		Country * Region		
		n =		
	1 Slovakia	Valid	101 Bratislavský kraj	117
			102 Západné Slovensko (Trnavský kraj, Trenčiansky kraj, Nitriansky kraj)	344
			103 Stredné Slovensko (Žilinský kraj, Banskobystricky kraj)	248
			104 Východné Slovensko (Prešovský kraj, Košický kraj)	291
	2 Czech Republic	Valid	201 Praha	121
			202 Středočeský	124
			203 Jihočeský	60

五　斯洛伐克、捷克、罗马尼亚、斯洛文尼亚、希腊、白俄罗斯、保加利亚

续表

				204 Plzeňský	55
				205 Karlovarský	29
				206 Ústecký	79
				207 Liberecký	42
				208 Královéhradecký	52
				209 Pardubický	49
				210 Vysočina	48
				211 Jihomoravský	111
				212 Olomoucký	60
				213 Zlínský	55
				214 Moravskoslezský	115
	3 Romania	Valid		301 Nord-Vest (Bihor, Bistriţa-Năsăud, Cluj, Maramureş, Satu Ma-re, Sălaj)	206
				302 Centru (Alba, Braşov, Covasna, Harghita, Mureş, Sibiu)	61
				303 Nord-Est (Bacău, Botoşani, Iaşi, Neamţ, Suceava, Vaslui)	118
				304 Sud-Est (Brăila, Buzău, Constanţa, Galaţi, Tulcea, Vrancea)	129
				305 Sud-Muntenia (Arg- eş, Călăraşi, Dâmboviţa, Giurgiu, Ialomiţa, Prahova, Teleorman)	116
				306 Bucureşti-Ilfov (B-ucharest, Ilfov)	194

续表

			307 Sud-Vest Oltenia (Dolj, Gorj, Mehedinți, Olt, Vâlcea)	83
			308 Vest (Arad, Caraş-Severin, Hunedoara, Timiş)	93
	4 Slovenia	Valid	401 Vzhodna Slovenija (Mura, Drava, Carinthia, Savinja, Central Sava, Lower Sava, Southeast Slovenia, and Inner Carniola-Kar)	531
			402 Zahodna Slovenija (Central Slovenia, Upper Carniola, Gorizia, and Coastal – Karst)	469
	5 Greece	Valid	501 North Aegean	50
			502 Attica	350
			503 Crete	50
			504 Epirus and Wes-tern Macedonia	60
			505 Eastern Macedonia and Thrace, Central Macedonia	230
			506 Peloponnese, West Greece and Ionian Island	140
			507 Thessaly and Central Greece	120
	6 Belorussia	Valid	601 Brest Region	150
			602 Gomel Region	150
			603 Grodno Region	110
			604 Minsk City	190

五 斯洛伐克、捷克、罗马尼亚、斯洛文尼亚、希腊、白俄罗斯、保加利亚

续表

				605 Minsk Region	150
				606 Mogilev Region	120
				607 Vitebsk Region	130
		7 Bulgaria	Valid	701 North Central	112
				702 North-East	133
				703 North-West	103
				704 South Central	201
				705 South-East	145
				706 South-West	306

Disrtibution of weight rF	weight < 0.25	0.25 < weight < =	0.5 < weight < =2	2 < weight < =4	4 < weight
1 Slovakia	0	0	1000	0	0
2 Czech Republic	0	0	1000	0	0
3 Romania	0	0	1000	0	0
4 Slovenia	0	0	1000	0	0
5 Greece	0	0	988	12	0
6 Belorussia	0	95	838	36	32
7 Bulgaria	0	0	1000	0	0

六　克罗地亚

总人口

16 岁以上居民总数：362.6496 万

样本框架：性别、年龄、地区、居住地

达到的样本与总人口统计数据比较—克罗地亚

	加权前样本中的受访者数量（%）	加权后样本中的受访者数量（%）	统计（%）
总计	100	100	100
性别				
男性	43.1	48.4	47.7
女性	56.9	51.6	52.3
年龄				
15—24 岁	14.4	15.4	13.9
25—34 岁	14.6	13.7	16.1
35—44 岁	17.1	17.1	15.8
45—54 岁	16.3	16.7	17.9
55—64 岁	21.4	19.2	16.1
65 岁以上	16.2	17.9	20.8
地区				
萨格勒布地区	26.0	26.1	25.9
克罗地亚北部地区	17.6	17.6	17.2

续表

地区			
斯拉沃尼亚	16.2	17.0	16.6
利卡和巴诺维那	8.4	8.5	8.3
沿海地区和伊斯特拉	12.0	10.7	12.1
达尔马提亚	19.8	20.2	19.8
居住地*			
城镇	61.7	60.6	61.3
农村	38.3	39.4	38.7

七　黑山

总人口

18岁以上居民总数：47.4903万

样本框架：性别、年龄、地区、居住地

达到的样本与总人口统计数据比较—黑山

	加权前样本中的受访者数量（%）	加权后样本中的受访者数量（%）	统计（%）
总计	100	100	100
性别*			
男性	44.4	48.6	48.6
女性	55.6	51.4	51.4
年龄*			
18—29岁	26.4	22.5	22.4
30—44岁	30.2	26.9	26.7
45—59岁	23.6	27.0	26.9
60岁以上	19.8	23.6	24.0
地区/第三组*			
北部	28.5	28.3	28.2
中部	47.6	47.2	47.2
南部	23.9	24.5	24.5

续表

居住地**			
城镇	64.4	64.5	64.4
农村	35.6	35.5	35.6

资料来源：黑山统计办公室，https://www.monstat.org/eng/index.php。

八　马其顿

总人口

18 岁以上居民总数：149.7013 万

样本框架：性别、年龄、民族、地区、居住地

达到的样本与总人口统计数据比较—马其顿

	加权前样本中的受访者数量（％）	加权后样本中的受访者数量（％）	统计（％）
总计	100	100	100
性别*			
男性	53.8	49.7	49.8
女性	46.2	50.3	50.2
年龄*			
18—29 岁	19.4	25.5	25.5
30—49 岁	40.2	39.3	39.3
50—64 岁	27.1	20.9	20.9
65 岁以上	13.2	14.4	14.4
民族*			
马其顿族	70.5	67.8	67.7
阿尔巴尼亚族	24.2	22.2	22.2
其他民族	5.3	10.1	10.1

续表

地区*			
斯科普里	30.4	29.0	29.0
西北部和库马诺沃	24.4	24.5	24.4
西南部	21.4	21.1	21.1
东部和中部	23.8	25.5	25.5
居住地**			
首都	25.3	23.9	23.9
其他城市	43.8	39.3	39.3
农村地区	30.9	36.8	36.8

资料来源：马其顿中央统计局。

九　波兰

总人口

15 岁以上居民总数：3266.0000 万

样本框架：性别、年龄、教育程度、居住地、地区/省

达到的样本与总人口统计数据比较—波兰

	加权前样本中的受访者数量（%）	加权后样本中的受访者数量（%）	统计（%）
总计	100	100	100
性别			
男性	47.7	47.8	47.8
女性	52.3	52.2	52.2
年龄			
15—19 岁	4.5	5.9	5.9
20—24 岁	8.5	7.0	7.0
25—29 岁	8.5	8.5	8.5
30—39 岁	19.1	19.4	19.4
40—49 岁	17.2	15.9	15.9
50—59 岁	14.5	15.6	15.6
59 岁以上	27.7	27.7	27.7
教育			
初级教育	9.7	18.8	18.9
职业教育	27.3	24.2	24.2

续表

	教育		
中等教育	45.6	33.7	33.7
大学	17.5	23.3	23.2
	居住地		
农村	39.4	39.2	39.2
镇（2万人以下）	13.2	13.1	13.1
镇（2万—5万人）	14.3	10.9	10.9
城市（5万—10万人）	4.9	8.2	8.2
城市（10万—20万人）	7.4	8.4	8.4
城市（20万—50万人）	9.4	8.6	8.6
城市（50万人以上）	11.3	11.6	11.6
	地区/省		
下西里西亚	7.9	7.6	7.7
库亚瓦滨海	5.3	5.4	5.5
卢布林	5.4	5.6	5.6
鲁布斯卡	2.5	2.6	2.6
罗兹	6.4	6.5	6.5
小波兰	8.9	8.7	8.7
马佐夫舍	13.8	13.8	13.8
奥波莱	2.5	2.6	2.7
波德拉斯	5.4	5.5	5.5
喀尔巴阡山	3.0	3.1	3.1
滨海	5.9	5.9	5.9
西里西亚	12.3	12.0	12.0
圣十字	3.5	3.3	3.3
瓦尔米亚马祖尔	3.9	3.7	3.7
大波兰	8.9	8.9	8.9
西滨海	4.4	4.5	4.5

十 波黑

总人口

18 岁以上居民总数：283.8458 万

样本框架：性别、年龄、地区、居住地

达到的样本与总人口统计数据比较—波黑

	加权前样本中的受访者数量（%）	加权后样本中的受访者数量（%）	统计（%）
总计	100	100	100
性别*
男性	48.8	48.5	48.5
女性	51.2	51.5	51.5
年龄*
18—24 岁	12.1	12.5	11.3
25—34 岁	19.7	19.1	17.8
35—44 岁	16.6	15.4	17.3
45—54 岁	18.4	18.2	18.9
55—64 岁	17.7	17.1	16.9
65 岁以上	15.5	17.6	17.8
民族*
波斯尼亚族	52.4	51.4	50.1
克罗地亚族	11.4	11.5	15.4

续表

民族*			
塞尔维亚族	32.7	33.5	30.7
其他民族	3.5	3.6	3.6
地区*			
波黑联邦	64.0	62.2	62.2
塞尔维亚共和国	33.7	35.5	35.5
布尔奇科特区	2.3	2.4	2.4
居住地**			
城镇地区	41.2	43.8	45.9
农村地区	58.8	56.2	54.1

资料来源：波黑2013年人口统计。

十一　塞尔维亚

总人口

18 岁以上居民总数：580.1993 万

样本框架：性别、年龄、地区、居住地

达到的样本与总人口统计数据比较—塞尔维亚

	加权前样本中的受访者数量（%）	加权后样本中的受访者数量（%）	统计（%）
总计	100	100	100
性别*			
男性	47.2	48.2	48.1
女性	52.8	51.8	51.9
年龄*			
18—29 岁	18.3	16.8	16.8
30—44 岁	28.6	25.3	25.3
45—59 岁	24.7	24.7	24.7
60 岁以上	28.4	33.2	33.2
地区/STRATUM4*			
贝尔格莱德	22.3	23.9	24.0
伏伊伏丁那	27.2	26.7	26.6
西部/北部	29.0	27.6	27.6
南部/东部	21.5	21.8	21.8

续表

居住地*T*			
城镇	61.1	60.1	60.1
农村	38.9	39.9	39.9

资料来源：塞尔维亚统计局，RZS Republički zavod za statistiku,/Statistical office of Republic of Serbia, http://www.stat.gov.rs/en-US/。

十二　阿尔巴尼亚

总人口

18 岁以上居民总数：206.0324 万

样本框架：性别、年龄、地区、居住地

达到的样本与总人口统计数据比较—阿尔巴尼亚

	加权前样本中的受访者数量（%）	加权后样本中的受访者数量（%）	统计（%）
总计	100	100	100
性别*			
男性	47.4	49	49.5
女性	52.6	51	50.5
年龄*			
18—29 岁	30.6	26.8	26.36
30—44 岁	23.0	25.5	25.14
45—59 岁	29.6	26.4	26.75
60 岁以上	16.9	21.3	21.75
地区*			
北部	18.6	19.5	19.71
中部	46.3	47.5	46.76
南部	35.1	33	33.53

续表

居住地*			
城市地区	55.5	54.7	54.36
农村地区	44.5	45.3	45.64

资料来源：阿尔巴尼亚统计局。